U0666049

高职院校大学生心理健康教育与辅导研究

于 佳 著

中国原子能出版社

图书在版编目（CIP）数据

高职院校大学生心理健康教育与辅导研究 ／ 于佳著
. -- 北京 ： 中国原子能出版社，2022.7
　　ISBN 978-7-5221-2044-7

　　Ⅰ．①高… Ⅱ．①于… Ⅲ．①大学生－心理健康－健
康教育－教学研究－高等职业教育 Ⅳ．① G444

中国版本图书馆 CIP 数据核字（2022）第 139732 号

高职院校大学生心理健康教育与辅导研究

出版发行	中国原子能出版社（北京市海淀区阜成路 43 号　100048）
责任编辑	杨晓宇
责任印刷	赵　明
印　　刷	北京天恒嘉业印刷有限公司
经　　销	全国新华书店
开　　本	787 ㎜×1092 ㎜　　　1/16
印　　张	11
字　　数	209 千字
版　　次	2022 年 7 月第 1 版　　2022 年 7 月第 1 次印刷
标准书号	ISBN 978-7-5221-2044-7　　　　**定　价** 72.00 元

网　址: http//www.aep.com.cn　　　　**E-mail:** atomep123@126.com
发行电话: 010-68452845　　　　　　　版权所有　翻印必究

前　言

大学生正处于人生发展的关键时期，良好的心理素质不仅关系到大学生能否顺利完成学业和保持身心健康，还关系到其健康成长和将来的人生发展。而相比较其他大学生而言，高职院校的大学生由于阅历尚浅、社会经验不足，很难自觉、积极地驾驭自己、主宰自己。因而在个人的发展和人格的完善过程中，往往会产生这样或那样的心理障碍和心理疾患，产生诸多的社会不适应症。这些问题若不及时解决，将影响学生的大学学习生活，甚至对他们今后走向社会的适应能力也会产生消极的影响。因此，为了帮助大学生更快适应将来的工作岗位，应积极了解目前大学生心理特点及常见问题，分析目前高职院校大学生的心理健康问题，从而构建完善的大学生的心理健康培训体系，提供切实可行的心理健康辅导，帮助当代大学生尽快适应从学生到社会工作岗位的变化，解决他们面对的各种现实问题，提高心理健康水平，从而获得全面发展。

本书第一章为高职院校大学生心理健康概述，包括心理学概述、心理健康的基本问题、高职院校大学生的心理健康标准三方面内容；第二章为高职院校大学生常见心理问题，包括大学生的生理、心理特点以及常见心理问题的分类，高职院校大学生心理健康的影响因素和常见心理问题的解决途径及调适，并列举了一些高职院校大学生常见心理问题的案例以供参考；第三章为高职院校大学生心理健康辅导，包括大学生心理辅导概述和高职院校大学生心理辅导的方法和途径；第四章为高职院校大学生心理健康教育，包括高职院校大学生心理健康教育概述和高职院校大学生心理健康危机的干预；第五章为心理健康教育与思想政治教育，主要包括高职院校大学生思想政治教育概述、心理健康教育与思想政治教育的关系，以及高职院校大学生心理健康教育与思想政治教育的结合发展。

在撰写本书的过程中，作者得到了许多专家学者的帮助和指导，参考了大量的学术文献，在此表示真诚的感谢。本书内容系统全面，论述条理清晰、深入浅出，但由于作者水平有限，书中难免会有疏漏之处，希望广大同行批评指正。

目　录

第一章　高职院校大学生心理健康概述

近年来，随着生活节奏加快，人们的生活压力也在不断增加，各种心理问题层出不穷，尤其是年轻人的心理健康问题令人担忧，本章从高职院校的大学生心理健康问题出发，详细阐述了心理学的相关概念及心理健康的基本问题、高职院校大学生的心理健康标准，供大家初步了解心理健康的相关问题。

第一节　心理学概述

一、心理学的定义

不少人初次听到"心理学"一词，往往好奇地认为"学了心理学就能知道别人心里想的是什么，就可以猜测别人的心理"，把心理学看得玄虚奥妙、深不可测，这是由于不了解心理学研究的对象与学科性质所引起的误会。那么，心理学究竟研究什么，它是一门怎么样的学问呢？

心理学的英文是"psychology"，它由两个古希腊文字"psyche"和"logos"组成。前者的含义是"心灵""灵魂"；后者的含义是"讲述"或"解说"。两者合起来就是"对心灵或灵魂的解说"。这可以说是心理学的最早定义，但历史上心理学长期隶属于哲学，因此该定义只具有哲学意义，并没有对概念做出科学的解释。心理学成为一门独立的科学以后，其发展经历了一百多年，其研究内容和重点也已经改变。直到20世纪80年代，人们对心理学的界定才相对统一：心理学是研究心理现象发生、发展和活动规律的科学。

任何科学都有专门的研究对象，心理学的研究对象是人的心理现象。它揭示心理现象及其变化发展的规律，并对它们进行科学的解释。那么，什么是心理现象呢？心理现象不仅人有，动物也有。我们这里讲的是人的心理现象。人的心理现象是人们十分熟悉的现象，它是宇宙间最复杂而又奥妙的现象之一，恩格斯把它誉为"地球上最美的花朵"。

一个处在清醒状态的人，每时每刻总在感知着他周围的环境，有选择地记忆着他所经历过的事情，不时地提取记忆资料去理解和剖析发生的事情，必要时需开动脑筋思考问题，推测想象，以求得恰当的判断和结论。这里的感知、记忆、思维、想象等心理现象，属于人对周围环境由浅入深、由现象到本质的认识过程。

人在认识客观事物时，总会对事物有一定的态度，从而产生一定的内心体验。例如，满意、愉快、痛苦、气愤、悲伤、绝望等，这些属于人的情绪、情感过程。人在认识客观事物时，不仅仅是认识它，感受它，还会对它采取一定的行动。一个人有意识地提出目标，制订计划，选择方式方法，克服困难，以达到预期目的的内部心理活动过程即为意志过程。意志也是心理学研究的对象之一。

（一）心理过程

人的认识、情绪和情感、意志都有其发生、发展和完成的过程，所以，统称其为心理过程。知、情、意这三个不同的过程，彼此既有区别，又相互联系。人的认识过程和意志过程中往往伴随着一定的情绪、情感活动；意志过程又总是以一定的认识活动为前提，而人的情感和意志活动又促进了人的认识的发展。因此，心理过程是心理学研究对象中的一个重要方面。

（二）个性心理

心理过程是人们共同具有的心理活动。但是，由于每个人的先天素质和后天环境不同，心理过程产生时又总是带有个人的特征，从而形成了每个人的个性。因此，心理学还要探讨人与人之间的差异，称之为个性心理或差异心理。个性心理包括个性倾向性和个性心理特征。个性倾向性是指一个人所具有的意识倾向，也就是人对客观事物的稳定的态度。它是人从事活动的基本动力，决定着人的行为的方向，主要包括需要、动机、兴趣和自我意识等。个性心理特征是在一个人身上经常表现出来的本质的、稳定的心理特点。例如，有的人有数学才能，有的人擅长写作，有的人有音乐特长，这是能力上的差异。在行为表现方面，有的人活泼好动，有的人沉默寡言，有的人热情友善，有的人冷漠无情，这些是气质和性格方面的差异。能力、气质和性格统称为个性心理特征。个性心理是心理学研究对象中的另一个重要方面。心理过程与个性心理二者合起来构成了心理学研究的主要对象。

人的心理过程和个性心理是相互密切联系的。一方面，个性心理是通过心理过程形成的。如果没有对客观事物的认识，没有对客观事物产生的情绪和情感，没有对客观事物的积极改造的意志过程，个性心理就无法形成。另一方面，已经形成的个性心理又会制约心理过程的进行，并在心理活动过程中得到表现，从而对心理过程产生重要的影响，使之带有个人的色彩。无论对心理过程的研究，还是对个性心理的研究，都需要从一个人心理活动的整体性上加以考虑。

各种心理现象（也称为心理活动）是机体通过高级神经系统对客观现实的反映活动的产物。心理学对它们的研究，不限于描述它们的各种表现，而是要深入揭示有机体怎样把外部环境刺激变为主体内部的反映过程。研究这个反映过程包含哪些环节呢？首先，心理反应与客观刺激有非常密切的关系，当一个客观刺激出现时，有机体怎样把外部刺激转变为内部心理状态，这个由外部过程到内部过程的转换是心理现象的重要环节；其次，在内部过程中，心理反应又是怎样进行的，心理赖以实现的机制是什么，这是心理现象的核心环节，也是最难突破的一个环节；再次，心理过程总是会通过外部可观察到的表情、语言、行为表现出来，同时心理发生和存在的意义就是要对行为活动进行控制和调节，因此心理现象必定还要研究有机体的行为表现，从内部过程又转变为外部的行为反映，这是研究心理现象的另一个重要环节。研究心理现象不能脱离这三个互有联系的环节：客观刺激—内部过程—外部行为。

二、心理学的使命

一般认为心理学的使命主要由以下几个部分构成。

（一）描述心理事实

科学需要实事求是的态度，因此确定事实，尤其是确定可以客观测量的事实是心理学研究的原始起点。以遵循科学标准为己任的心理学往往以行为数据、生理指标、反应时量表等为核心观察对象来叙述心理事实，并且主要通过数理统计的方法来确定基本的心理事实。

（二）解释心理现象

解释心理现象应该遵循基本的心理事实。心理学许多领域发展的内在动力都是找到心理和行为过程的常规模式，其目的是帮助人们更加有效率地工作与生活。绝大多数心理学的解释通常遵循不同的、特有的视角，如生物主义学派认为大多数行为受到机体变量的制约，而精神分析学派则主要通过"无意识""早年经验"等来解释人们在日常生活中所观察到的现象。

从更局部的事实来看，一个受过良好训练的心理学家"可以通过使用他有关人类经验的洞察力和以前的研究者已经发现的有关同一个现象的事实，来解释观察到的现象"。

（三）预测未来

预测未来往往基于现有的解释，尤其是对于心理现象原因的解释，因此心理学中的预测是对一个特定的行为或者一个特定的关系即将构成的可能性的一种陈述。比如精神分析基于其对于儿童经验的认定、解释来预计儿童未来可能产生的状况。这显然是一种可供教师、父母参考的对于未来的预测。

（四）揭示心理的内在规律

心理学主要研究各种心理现象的发生、发展、相互联系，以及表现出的特性和作用等，同时也研究心理现象所赖以产生和表现的机制。它包括心理机制和生理机制两个层面的研究：前者研究心理现象所涉及的心理结构组成成分间相互关系和变化；后者研究心理现象背后所涉及的生理或生化成分的相互关系和变化。

（五）控制改善结果

"控制是核心的、最激励人的目标。控制意味着使行为发生或者不发生——引发它，维持它，停止它，并且影响它的形式、强度或者发生率。"

由于心理现象的复杂性，现有的科学方法难以控制人们的行为，以符合理想的状态。因此有学者提出可以把"控制"修改为"改善"，即心理学的功利结果不是求最好而是追求比较好，或者能够体现出"两害相权取其轻"的智慧。

第二节　心理健康的基本问题

一、什么是心理健康

世界各国的心理学和精神卫生专家给出的定义不尽相同，一般来说，心理健康是指"精神卫生""身心健康"等，在学校中心理健康则偏重于教育用语的使用。但是无论如何，心理健康总要有一个基本的定义，那么，概括来说是："心理健康是指个体在本身及环境条件许可范围内所达到的正常功能状态。"即指"个人心理所具有的正常的、积极的状态和同当前发展着的社会环境保持良好心理适应的能力"。

身体健康是心理健康的基础和载体，而心理健康又是身体健康的条件和保证。身体和心理互相联系，互相影响，互为基础和保证，同时也构成了健康的两个基本条件。而良好的社会适应能力，则是由人这个特殊的高级生物体的社会属性所决定的，也就是说，人的健康，不仅体现在生物属性和精神状态上，也体现在有良好的社会关系和社会效能上。

与其说健康心理学是心理学发展的一个分支，不如说健康心理学是心理学吸收了医学研究而发展起来的交叉学科，它是集心理学的专业知识、专门的教育训练、医学科研为一体的学科。其目的是促进健康，防治疾病，探求病因，确定与疾病相关的诊断及影响因素，提出和建议卫生措施、方法，最终推动和实现健康水平提高的心理学学科。其根本宗旨是探讨和研究个体和群体在不同条件下保持心理健康的科学规律。对于心理因素与疾病的关系，以及在治疗、防病方面的作用，人们认识得很早。早在公元前 400 年，古希腊医学家希波克拉底就有专门的论述，中国最古老的医学著作《黄帝内经》中，有关心理与健康的论述也有很多。至今中医理论中有关致病因素的经典理论仍有"七情致病"的观点，脏腑致病的学说中也有很多关于"喜伤心，怒伤肝，思伤脾，忧伤肺，恐伤肾"的论断。到中世纪，中亚医生阿森纳也十分强调心理因素致病的现象和在治疗中的作用。到了现代，病理解剖学的倡导者怀尔乔非常注重心理因素与健康的关系，被后人赞誉为"精神卫生"思想的捍卫者，他同时也是社会医学的创始人。

而后，探讨心理因素与疾病关系的一系列医学研究广泛开展。1917 年，心理学家阿德勒首先提出并研究了人格因素对于躯体功能障碍和疾病的特殊意义，并就此推动了一大批系统的研究试验。1929 年，坎农提出身体的某些功能变化和疾病可以从心理活动与躯体活动的因果关系中得到解释。1943 年，邓巴提出并强调人格特征在诊断和治疗躯体疾病中的作用。到了 1947 年，沃尔夫根据研究提出，头痛、胃肠疾病、变态反应病等，都可以由心理因素直接致病，并由此提出"心身疾病"的基础理论。

随着研究的深入，各国心理学家对健康心理学产生了浓厚兴趣，并纷纷成立了健康心理学学会，创办了健康心理学杂志，开始培养从事健康心理学专业人员，制定有关专业标准。一些高等院校开始设立健康心理学的博士课程，成立专门的研究机构。

二、心理健康观的发展

（一）国外各心理学派的心理健康观

1.精神分析学派的心理健康观

19世纪80年代，以弗洛伊德自由联想的谈话疗法治疗神经症为标志，精神分析学派诞生。在短短的一百多年时间里，精神分析学派迅速发展，在世界各地形成了不同的分支。目前，后精神分析学派仍然在蓬勃发展。精神分析学派主要代表人物有弗洛伊德、荣格、阿德勒、梅兰妮·克莱因、安娜·弗洛伊德等。弗洛伊德去世以后，英国当代的精神分析学派分为在观点上有差异的三个派别，即克莱因学派、安娜·弗洛伊德学派和独立学派，在美国和欧洲的其他国家也形成了精神分析学派的不同派别。精神分析学派不仅在心理治疗上取得了巨大的进步，而且影响了整个心理学的发展，并对文化和艺术产生了深远的影响。

弗洛伊德对心理健康思想与实践所做出的贡献可以概括为以下三个主要部分：一是潜意识和本能；二是人格的发展；三是心理健康问题应对的方法。精神分析学派的心理健康观主要包括以下几个方面内容。

（1）从无意识层面觉察自我

觉察自我是心理健康的第一步，也是最为关键和困难的一步，它是接纳自我和改变自我的基础。"自我"是一个复杂的范畴，它至少包含着自我概念（即我是谁）、自尊（即自我价值感）、自我认识、社会自我四个方面。精神分析学派认为觉察自我主要是对五部分内容有所觉察，这些内容大部分处在无意识层面：第一，无意识的存在及其影响；第二，本我与超我的矛盾；第三，自卑及其双重功能；第四，依恋类型、依恋方式及其带来的人际交往的模式；第五，多重人格面具。

①觉察无意识的存在及其影响。弗洛伊德是第一个对无意识进行深入研究和探讨并阐述为系统理论的心理学家。他认为人的心理是分层次和结构的，心理结构主要包括意识、前意识和无意识。意识是指人心理中能够被觉察和感知到的内容和过程，如对思想政治教育的认识、个人记忆中的知识和经验等。前意识是潜隐的但通过努力能够记起的心理内容，例如，我们对自己早期生命历程的记忆，还包含不被意识所接受而被压抑到潜意识的心理内容，它是意识和潜意识之间的桥梁。无意识是指潜隐很深、一般情况下意识无法觉察的心理内容和心理过程。

②觉察本我与超我的矛盾。弗洛伊德认为人格结构分为自我、本我和超我。

本我是人格中原始的、非理性的冲动和本能，本我遵循的是享乐的原则。超我是人格中的良知部分，它超越生存需要，渴望追求完美。本我和超我是人格中相互矛盾的两个部分，本我是人的原始本能，超我对本我进行监督，大部分头脑中的矛盾斗争是超我与本我之间矛盾的体现，人格中的本我和超我一直处于矛盾斗争中。本我和超我能够制衡缘于人格中另一个重要部分——自我。

③觉察自卑及其双重功能。自卑就是自己不如他人的感觉，自卑感是人人都有的，它的存在具有普遍性。自卑产生的原因是人生理上的脆弱性，在与其他人的比较中，人们产生自卑感。但是，从弗洛伊德的观点来看，自卑是本我和超我冲突的结果，由于本我享乐的驱动力，自我总是难以达到超我所要求达到的程度。自卑对个人的发展具有双重影响：一方面，它影响人的情绪，过度自卑使人难以面对困难和挑战；另一方面，自卑对个人的发展和社会的进步都具有积极意义。

④通过人际交往的模式觉察自己的依恋类型。艾斯沃斯的陌生情境测验将婴儿的依恋关系分为三类：安全型依恋、回避型依恋和矛盾型依恋。依恋的方式会影响成人与他人之间的关系，尤其是在亲密关系当中觉察自己的依恋类型能够更好地理解自己，理解自己在与他人的关系建立过程中发生的冲突矛盾和问题，有助于与他人建立和谐的人际关系。

⑤觉察多重人格面具。精神分析学家荣格提出人既具有个体无意识，又具有集体无意识。集体无意识是人类祖先在人的心理中"遗传"下来的具有普遍性的心理内容和心理过程。集体无意识主要由"原型"所组成。人格面具是原型的一种表现。人会具有多个人格面具，一个面具就是一个子人格或人格的一个侧面，每一个个体的人格是多个人格面具的集合。

（2）正视和接纳真实的自我

正视自己是认识自我的前提。认识自我对人类具有重要的意义。瑞士心理学家荣格是分析心理学与心理治疗理论的创立者，他对个体心理健康、个性的形成与发展提出了重要的见解。按照荣格的说法，"自我"是集体无意识的一个情结原型，是集体无意识中的动机力量，我们每一个人都会终生强烈地全神贯注于对我们自己的认识上，各种测试、算命、血型说、星座说，乃至各种玄学的盛行可以证明这一点。认识自我对个人成长具有重要的意义，认识自我是理解他人、理解世界的起点；有助于发现自己的优势和劣势，扬长避短，实现自己生命的价值等。认识自我从正视自我开始，如果不愿意或者没有勇气面对真实的自己，就根本谈不上认识自我。

正视自我需要知识、勇气和时间。正视自我需要一定的知识和方法，精神分析学派对此提供了大量的理论和方法。但是，知识和方法并不是正视自我最重要的条件，更重要的是人们面对自己的意识和勇气。通常情况下，大部分的人都缺乏正视自己的意识，只有一些人在生活中遇到困境难以走出时才有意愿认识自己。有认识自己的意愿并了解一些有关心理学、人格心理学和心理健康学知识的人，有勇气发现自己、成就自己的人，会不断正视自我。

接纳真实的自我。真实的自我是一个复杂的综合体。接纳自己是不把自己与一般动物相提并论，人不仅仅要满足吃喝玩乐的本我需求，还要有价值追求。

接纳自我有助于心理健康。接纳自我就会较少运用自我防御的心理机制，不会歪曲现实，而有勇气、有能力面对真实的现实和真实的自己。弗洛伊德说："人们的禀赋各异，承受应付文化要求的能力各有其不同的限度，苛求于己超过其本性所能承担，则将为心理症所苦，如果人们多容忍些自己的不完美，日子就会好过得多了。"

（3）建设性地满足自己的本我需求和依恋需求

心理健康的人能够建设性地满足自己的本我需求和依恋需求。在经典精神分析学理论中，本我需求包括生与性的需求、死与攻击的需求。依恋需求是指与他人之间在人际关系上的包容、控制和喜爱的需求。一方面是指个体对他人的包容、控制和喜爱的需要，另一方面是指他人对自身的包容、控制和喜爱的需要。包容需要指个体想要与别人建立并维持一种满意的相互关系的需要；控制需要指个体在与他人建立并维持满意的人际关系上有一定的把握的需要；喜爱的需要指个体在与他人的关系中建立并维持亲密的情感联系的需要。在现实中与他人建立良好的人际关系是人能够生存发展的必要条件，也是个体感受幸福的首要因素。满足依恋需求能够促进心理健康。

以上的需求是要被建设性地满足的。建设性地满足是指用能够带来持续性正向结果的方法适度地满足。能够获得持续性正向结果的方法不是防御性的方法，而是建设性的方法。安娜·弗洛伊德将分析自我当作解决一切精神分析问题的出发点，她指出，研究自我并非目的本身，而是达到矫正心理异常并最终实现自我恢复的手段。她对自我防御机制进行了系统性的总结与研究，并揭示了心理的自我防御机制，她发现自我为应付本我和超我的矛盾会引发神经性焦虑，人的心理适应性地发展出一种适应机制，她把其命名为自我防御机制。自我防御机制是每个正常的人在焦虑时都会产生的自我保护的反应，它会起到暂缓焦虑的作用，但是，自我防御机制在本质上是一套自动发生作用的、非理性的、应付焦虑的适应方法，是暂时的逃避，不可能真正解决焦虑。建设性的方法是直接面对压力源，用不伤害自己，也不伤害他人的方法直接解决问题。建设性地满足就是用积极的策略和方法适度地满足自己的本我需要。

（4）培养社会兴趣，通过工作为他人和社会提供创造物

大多数精神分析学派的心理学家从治疗精神疾病和促进人格发展的角度对神经症病人进行自我分析，因而他们关注的是人自身。但也有精神分析学派的心理学家提倡关注他人和社会，认为培养社会兴趣、为他人和社会做贡献是解决心理问题之道。

弗洛伊德认为工作对心理健康具有非常重要的作用。他认为，人的原始驱动力，尤其是性的驱动力对人有巨大的影响，这种巨大的驱动力如果没有正确的疏导方式可能会产生心理问题，工作是疏导性驱动力的有效方式。提出"社会兴趣"的概念并身体力行的是与弗洛伊德同时代的著名的奥地利心理学家阿德勒。同源于精神分析学派的阿德勒认为，人格健康的关键之处在于不以自我分析为中心，而是把关注的焦点从自身转移到社会。他认为健康人格的特点是有社会兴趣，社会兴趣指个体知觉到自己是人类社会的一分子，对他人和社会怀有关心的情感，为了社会进步而不是个人利益与他人进行合作。另一位美国心理学家埃里克森的人生发展阶段理论对心理学、教育学、管理学均产生了较为深刻的影响，他运用了实地调研、跨文化研究和总结归纳的方法提出了著名的人生发展阶段理论。

弗洛伊德关于工作的意义、阿德勒的社会兴趣理论、埃里克森的人生发展的"繁殖"任务不但具有心理治疗意义，而且具有教育意义。在人格形成的过程中有意识地培养关注他人和关注社会的意识，增强处理个人与他人、社会的关系的能力，有利于塑造健康的人格。

2.认知与行为学派的心理健康观

20世纪初，在心理学界掀起一股行为主义的热潮。这一学派以美国的心理学家约翰·华生1913年发表的文章《行为主义者眼中的心理学》题目中的主题词"行为主义"命名。行为主义认为，人的心理是无法靠内在反省的方式进行研究的，精神分析对人的心理分析方法无法得出科学的结论，因而心理学家只能依据实验的方法对人们的外显行为进行研究。除约翰·华生外，行为主义学派的主要代表人物还有爱德华·托尔曼、伯尔赫斯·弗雷德里克·斯金纳等。行为主义学派的核心观点：刺激才引发人们的反应，外部环境促使人们行动。20世纪五六十年代，在西方出现了反对行为主义的心理学派，即认知心理学派。心理学家们开始关注知觉、注意、记忆、思维等人们心理内部的认知过程，重新恢复了意识在心理学中的重要地位。认知学派的主要代表人物有赫伯特·西蒙、阿尔伯特·艾利斯等。

在此把认知学派和行为学派结合在一起考察他们的心理健康观，是因为这两个学派分别侧重对人的两个重要方面——认知和行为进行研究，并提出颇有影响力的重要观点。行为学派强调的是外部刺激，认为外部环境的刺激引发行为；认知学派强调的是个体的内部加工，由于人们内部加工的不同而引发不同的行为。把行为学派和认知学派结合起来看，认知和行为是理解人的一体两面，个体是一体，行为和认知是其两面，个体的外显行为是外部刺激和内部加工综合起作用的结果。因而，在此把认知学派和行为学派结合起来考察他们的心理健康观。

（1）改变不合理的认知以调节情绪

认知是人用自己的感觉器官对外部信息和内部信息进行加工建构的过程，不同的个体具有不同的认知图式和认知风格。认知的本质特点是认知主体的建构。我们的大脑对信息加工和处理的极限是有差异的，因而每个个体对外部环境和自身的认识带有个人认知的特点，即个体主体建构的特点。瑞士心理学家皮亚杰把这种依据个体差异的认识结构称为"认知图式"，他认为，认知图式是人们为了应付某一特定情境而产生的认知结构，它是个体与环境不断地相互作用的一种建构过程。

认知是影响我们的情绪、行为和人格的重要因素。我们各种情绪的产生并不是直接由外部刺激所导致的，在外部刺激和情绪之间有一个重要的中间环节，即我们对这个外部刺激的认知。我们各自不同的认知图式导致对外部刺激的认识存在差异，因而同一个外部刺激可能会产生不同的情绪。

改变不合理的认知可以改变情绪，改变非理性的信念可以改变情绪和人格。阿尔伯特·艾利斯是从认知角度对心理治疗进行探讨的早期倡导者，他提出了理性疗法，认为人的情绪障碍和行为障碍不是由某一激发事件直接引起的，而是由经受这一事件的个体对它不正确的认知和评价等一系列信念引起的，最后导致在特定情景下的情绪和行为后果。因为激发事件（Activating Event）、信念（Belief）、后果（Consequence）的首字母是 A、B、C，这一理论也被称为 ABC 理论。

乔治·凯利根据多年临床心理学的经验发现，当患者本人对自己和自己的问题的看法有改变时，他的病情就会有所好转。他还发现凡是到心理诊所来诉说学生心理问题的教师，所诉说的学生的问题都和教师自己的观点有关。因此，凯利认为，无论是心理正常还是异常的人，他的行为都取决于他们对环境中人、事、物的认识、期望、评价、思维，而非取决于他的动机或需求。因而改变对环境中的人、事、物的认识、期望、评价和思维就可以改变行为。改变不正确的认知、改变不合理的信念对心理健康的意义是显而易见的。

（2）控制自身反应以习得良好的适应行为

行为学派的学习理论及刺激与反应的基本理论对心理健康极有启发。有意识地控制对外部刺激的反应，并从中形成良好的习惯，对个人的心理健康大有裨益。

情绪和行为是学习得来的，因而可以有意识地习得我们所期待的情绪和行为。行为学派认为学习是主体对外部刺激的反应过程，具体来说，个体所接触的每一个外部环境都会对其产生刺激，个体相应地对此做出反应，这样的过程就是学习的过程。

运用强化塑造有益的行为，消除不良习惯。通过动物实验，斯金纳发现动物的行为通过强化被塑造，他认为，如果一个操作发生后接着给予一个强化刺激，那么其强度就会增加。

依据行为主义学派的原理，我们探索出对心理疾病的治疗方法。第一，对神经症病症予以正常化。第二，利用惩罚原理对一些病症进行厌恶疗法。第三，对恐惧、焦虑的症状进行系统脱敏疗法。

（3）以积极的行动促使认知改变

积极的行动会带来积极的认知。积极的行动是指不被情绪控制而直接行动起来，比如在遇到挫折的时候，积极的行动好过难过和反省；即使行动没有产生预期的效果，也好于仅仅限于情绪感受和内在反省上。

积极的行动对心理健康具有重要的意义，它使我们形成行动应对型而非情绪应对型的应对策略。从持续有效方面来看，行动应对比情绪反应、逃避应对更有效，做正确的事、做积极有效的事会促使我们对事件和对自己有积极的认识。行动、行动再行动，模仿心理健康者的行为方式，可能会自然而然地产生心理健康的结果。

（4）提高问题解决的技术

人生会遇到各种各样的问题，人的一生就是不断遇到问题和解决问题的一生。行为主义学派不强调动机、情感、意志等因素，而突出强调"问题解决技术"在人生活中的重要性。他们认为，人要健康生活，就必须有一定的问题解决技术；如果缺乏问题解决的技术和能力，也就是说社会技能低下，就会带来心理问题。人们具有较高的问题解决技术和能力，就会应对现实中发生的困难和问题，有能力面对现实和真实的自己，即使出现心理困惑和心理问题，也会寻找科学有效的方法来解决它们，不会使心理困惑和心理问题发展为心理疾病。有效地寻求帮助也是一种高明的问题解决技术。

3.人本主义学派的心理健康观

人本主义学派是当代西方心理学的一个有影响的流派，它崛起于美国20世纪五六十年代的反文化运动与旨在治疗、发展、改造心理的人类潜能的运动中。人本主义心理学从现象学和存在主义中汲取其哲学的基础，强调天赋的人性，提倡从人的主观意识本身出发，反对用行为主义的环境决定论与精神分析的无意识动机决定论来说明意识。人本主义学派主张心理学必须说明人的本质特征、人的内在情感、潜在的智能、目的、爱好、兴趣等人类经验的一切方面。它特别重视人的意识所具有的主动性和自由选择性，认为人的意识能超越加乎其上的界限，因而具有创造性和无限发展的可能性；并认为人能根据自己的意向确定自身存在的价值。基于这些观点，人本主义学派发展了有关"自我"和"自我实现"等方面的一系列理论和技术，对当前心理治疗、人格心理、教育心理等领域都有较大的影响。人本主义心理学派的主要代表人物有奥尔波特、马斯洛、罗杰斯等。

（1）对人类追求和保有心理健康的能力给予充分肯定

人本主义心理学家对心理健康的基本观点是人类有能力拥有心理健康，即使出现心理问题依然有能力为追求心理健康而努力，并且能够寻找到适合自己的心理健康之路。

人本主义心理学家提出了人具有保持和追求心理健康能力的理论依据，概括来说，即人具有实现心理健康的内在动机。机能自主、自我实现、实现倾向是奥尔波特、马斯洛和罗杰斯理论的核心概念。

人本主义心理学派对心理健康的积极看法是人类宝贵的心理健康资源。人本主义学派对人的积极观点，无论在教育领域还是在心理治疗领域都产生了重大、深远的积极影响。

（2）建构和谐自我

自我和谐是人本主义心理学家罗杰斯人格理论和心理治疗理论的一个重要概念。罗杰斯认为，每个人都会关注自我，心理健康的人愿意相信自己的感觉和经验，并且这些感觉、经验和自我概念是一致的。

自我不和谐主要表现为两点：第一，过分压抑情绪，表里不一致。文化和家庭的因素使个体在自我发展过程中学会压抑自己的情绪，如果过度压抑情绪，会造成自我不和谐。第二，自我认知不协调。自我认知就是对自我的关注、认识和体验，自我不和谐的人的自我认知不协调。

建构和谐自我是不断完善自我的过程，它不但需要自我觉察和反省，更需要实践。行动可以从最容易做的开始，比如丰富面部表情、发自内心地微笑。和谐自我将带来和谐的人际关系与和谐的社会。

（3）真实地生活在当下

人本主义学派的心理学强调心理健康的人具有真实地生活在当下的特点。学习真实地生活在当下可以促进心理健康。

"真实地生活在当下"对心理治疗和心理咨询有着重要的意义，它逐渐成为心理咨询和心理治疗的主流原则和技巧。现代心理治疗的各流派几乎都把关注此时此地的情绪感受、观念想法、应对方式，以促使来访者改变当成重要原则。

4.积极心理学派的心理健康观

"积极心理学"这个概念是由美国心理学教授马丁·塞利格曼在1998年首先提出的。积极心理学是由人本主义心理学派发展而来的，是以科学的研究方法探讨有关美好生活的知识和经验的科学，它与人本主义学派的不同之处在于，它承认人类的缺点、无能为力是客观存在的，并在此基础上探索获得幸福的必要性、可能性和方法途径。积极心理学的代表人物主要有马丁·塞利格曼、谢尔顿、劳拉·金、泰勒、本·沙哈尔和埃德·迪纳等。可以说，积极心理学的所有研究成果都是心理健康的资源，它们都是为了使人们可以更加健康和幸福的资源。

根据塞利格曼的观点，积极心理学应该关注三个层面的内容：一是主观层面，就是研究积极的情绪和情感，即主观幸福感；二是个体层面，即积极人格特质；三是群体层面，即积极的团体和社会制度，包括关系良好的团体、幸福的家庭等。于是，主观幸福感、积极人格特质、积极的团体和制度就是积极心理学研究的主要内容。

积极心理学派的心理健康观主要包括以下几点。

（1）幸福是人类追求的至高无上的目标

幸福是积极心理学心理健康的标准。积极心理学派对心理健康的界定不仅仅是没有心理疾病，而是高于正常水平上的心理状态。可以说，在积极心理学中，幸福和心理健康是一致的。

人生目的是多种多样的，积极心理学派认为在这些目标中幸福是最高的目标。人们不仅追求身心健康，还要追求最终极的人生目标——幸福。

幸福和幸福感不是一个概念，它们既有联系又有区别。幸福感是满足的情绪感受和心境，是多种积极情绪的组合，是幸福的组成成分。幸福包含幸福感，亦包含与幸福感相对应的可显现的结果，比如各种类型的成功，如学习、工作的成功，人际关系的成功，健康的身体和较长的寿命。

到底有哪些因素会带来幸福呢？揭示幸福感的相关因素就能够掌握获得幸福

的方法。第一，遗传因素。对双胞胎的研究发现，幸福感有遗传因素的影响。第二，良好的自我评价。如自己有能力，能够自主决策或者有自我控制感。第三，与他人保持着良好的人际关系。

（2）养成良好的性格与美德

良好的性格与美德对增进和保障幸福具有重要的价值。首先，良好的性格与美德能够促进和谐的人际关系。其次，良好的性格与美德有利于良好社会文化的建设。最后，良好的性格和美德是应付人生困难的重要品质。

积极心理学派因乐观对幸福的重要性而对其进行了深入的科学研究，可以说其有关乐观的理论是积极心理学对心理学的独特贡献。

影响乐观的因素除了先天因素外，最重要的是归因风格。归因风格也被称为解释方式，是指个体在长期的归因过程中形成的比较稳定的归因倾向，即个体解释事情发生的原因的稳定倾向。从对所发生的坏事情的解释方式中能够判断一个人是否乐观。

积极心理学派并非盲目鼓吹幸福，他们寻求实现现实幸福的方法。他们发现一些个性品质具有非常大的性格力量，如认知坚强和韧性。

（3）追求人生意义是幸福的根本所在

人生意义对心理健康具有重要价值。对个体来说，人生意义是个人对自我存在的认可和肯定。对人类整体来说，人生意义是对人类存在和发展持乐观看法的依据。人生具有意义，人类的存在和发展即具有希望，对人类具有乐观的态度，势必对心理健康有促进作用。

积极心理学派注重意义和价值，认为人应该超出自我中心，达到超越自我，使自我全神贯注于追寻和实现生命的意义与目的上。幸福是积极心理学的人生意义，具体来说就是愉悦的心情、美满的人际关系、快乐学习和开心工作。

（二）我国传统的心理健康观

1. 儒家的心理健康思想

儒家思想作为中华民族的主流传统文化深埋于中国人的精神世界中，成为中华民族的精神养料，对中国人的精神世界起着重要的支持作用。提炼儒家思想中的心理健康思想具有重要的意义，可以更好地发挥中国传统文化的精神价值，能够充实和完善心理健康教育，避免心理健康教育西方化的倾向。

（1）仁爱：积极的心理健康观

"仁爱"是儒家思想的核心，其本质是爱人、关心人，是对人性本善的积极看法和主张，在这一点上与现代积极心理学是一致的。儒家思想两千多年来调整着中国人的人际关系，增进人际和谐，对心理健康有着重要的作用。

儒家把"仁爱"作为调整人际关系和治国理政的重要原则。"仁爱"是指爱人、关心人、尊重人、体贴人。儒家把人的本性看成具有仁爱之心的，认为人人具有仁爱的能力。从心理学的角度来看，"仁爱"是积极的心理健康观，它强调人天生具有积极的品质。

（2）恻隐之心：对共情能力的肯定和推崇

孟子从人性善的情感角度提出，人们天生就有怜悯体恤他人的恻隐之心。《孟子·公孙丑上》中将"恻隐之心"举例为："所以谓人皆有不忍人之心者：今人乍见孺子将入于井，皆有怵惕恻隐之心，非所以内交于孺子之父母也，非所以要誉于乡党朋友也，非恶其声而然也。"即假设：当人们看到"孺子入井"时，必然会自发的产生"怵惕恻隐之心"。原因并不是因为想去与这孩子的父母拉关系，不是因为想在乡邻朋友中博取声誉，也不是因为厌恶这孩子的哭叫声才产生这样的"恻隐之心"，而是人们在"情绪"上产生了对孺子的痛惜、怜悯之情。

"恻隐之心"是孟子同情理论的核心。孟子的"恻隐之心"学说也被称为孟子的同情理论。孟子认为人皆有恻隐之心，人人都有能力对他人的痛苦有所感受，能够对他人产生同情怜悯之心，正因如此，人人都可能成为仁人。对施政者来说，恻隐之心使实施仁政成为可能，君王应该出于同情而实施仁政。

把孟子"恻隐之心"的思想概括为同情理论是有一定依据的。首先是基于对原典文本的理解，"恻隐"是同情怜悯的意思，把"恻隐之心"提炼为符合现代语言习惯的同情理论是最直接的做法。其次是基于学科的特点，对孟子同情理论的研究主要集中在哲学领域和伦理学领域，"同情"一词是较有伦理色彩的概念，用同情理论概括孟子的恻隐之心的思想符合伦理学的学科特点。

从产生、发展的顺序上来看，恻隐之心是基于共情而产生的，也就是说共情是恻隐之心的基础，先有共情，随之而来的是恻隐之心。"今人乍见孺子将入于井，皆有怵惕恻隐之心"，"今人"首先感受到的是"怵惕"之情，此种情绪感受是对孺子及其父母、乡党朋友的共情。恻隐之心的结果是仁义之举，它是"仁"产生的根源，是仁爱的情感基础。恻隐之心是道德情感的基础，是道德行为产生的心理动机，"恻隐之心，仁之端也"。由此可以说仁义之举是恻隐之心的必然结果。从发生、发展的顺序上说，仁义之举的产生是经历"怵惕—共情—恻隐"的内在心理过程的。

孟子的同情理论与当代心理学中的共情理论有着密切的联系。首先，孟子的同情理论是共情理论在东方的理论源头。共情理论研究起始于 19 世纪，但它的思想渊源可以追溯到早期的哲学和美学思想中。孟子对人性的认识、对人与人之间关系的认识、对人的情绪情感的认识，虽然没有现代实证研究的证明，但其在本质上与现代共情研究结果一致，可以说，共情思想深孕于中国的传统思想中。其次，孟子的同情理论仅强调了情绪共情，对认知共情、共情的产生机制、影响共情的因素等均没有涉及。这不但源于科学技术的限制，也在于孟子探讨同情理论的目标和宗旨。再次，孟子同情理论的宗旨及应用与现代的共情理论不同。孟子的同情理论是为其政治思想服务的，恻隐之心是为了论证仁政的必要性和重要性。而现代的共情理论揭示人与人之间可以相互理解的关系，为教育家、心理治疗家所运用。它们在目标上是有一定的差别的。

孟子恻隐之心的思想是对共情能力的肯定和推崇。人的共情能力源于人的恻隐之心，恻隐之心使人对他人的情感尤其是痛苦的情感产生共鸣，促使人关心和帮助他人。当今对恻隐之心的继承和发展，有助于提高共情能力。

（3）中庸：认知、情绪协调平衡的保证

中庸思想主要倡导的是"和"的思想。中庸思想就是在偏左和偏右的两个极端选择中协调不同观点、选择和阶层之间的矛盾和争斗——这是我们曾经对中庸思想的一种错误的认识——看似是不偏不倚和公平平等，实则虚伪，两面讨好。然则，中庸思想是有很强的原则性的，它的主要思想中的和而不同、过犹不及、执两用中等都是典型代表。中庸思想的出发点和落脚点是和谐。

中庸这一世界观和人生观为中国人设定了心理的追求目标——"中"，和谐宁静。中庸已经成为一种世界观和人生观，作为世界观和人生观，它对人的影响是全方位的。中庸设定的理想的心理状态是心理健康的状态——不偏不倚、中和协调、和谐宁静，也是中庸所要达到的理想境界，从心理学角度来看，这一境界即心理健康的状态。心理健康即个体调节自身的心理与行为、自己与他人、自己与社会的关系达到和谐的心理状态，其重点在于三种关系的和谐，就是个体内在与外在的和谐、与他人的和谐、与社会的和谐。如果以中庸为指导，达到了中庸的理想状态，也就达到了心理健康的理想状态。

中庸既是心理健康的目标，也是达成心理健康的途径和方法，它是中国人的人生智慧。

中庸能够促进认知平衡。心理学家发现，人们有认知和谐一致的需要，中庸的不偏不倚具体形象地表明了平衡的状态，这种平衡的状态既包括认识，也包括情绪。认知平衡就是对事物的把握恰到好处，与事物的本来面目相一致。认知不平衡就是对事物的某一部分性质夸大或无视，在心理学上把这种认识叫作认知偏执。认知偏执会带来一定的问题，如无法正确认识事物，无法抓住事物的本质，重者引发心理问题，偏执型人格障碍者就是在认识上不能"执两端而允中"。中国民间谚语能够反映出中国人看待事物的方法和策略：从两个极端中寻找中庸实用的观念，以调整和适应生活。比如关于对老人价值的看法有褒贬之说，"家有一老如有一宝""不听老人言，吃亏在眼前"，与此相反的有"人老无能，神老无灵""剑老无芒，人老无刚"。中国的谚语对很多事物都会有相反的两种说法。这样的谚语警示人们在日常生活当中对事物要持中庸的看法，不能绝对和偏执。

中庸能够促进情感平衡。情感平衡的状态为"喜怒哀乐之未发，谓之中；发而皆中节，谓之和。中也者，天下之大本也；和也者，天下之达道也。致中和，天地位焉，万物育焉"。

在儒家思想中仁义道德比中庸占有更重要的地位，到宋明理学"存天理，灭人欲"就在认知上强调天理到了偏颇的程度，消减了中庸对情绪调节的作用。宋明以后的儒家思想在认识上把情绪的危害推到了极端，为了避免不当之情带来的破坏力量，在认识上有压抑人的正常情感的倾向。

（4）"五伦""五常"：系统有序的人际关系

从比较确定的文献时间来看，孟子最早提出了"五伦"的思想。他认为，周代始祖后稷虽然教会了人民种庄稼的技术，让人民有了温饱，但没有让人民与禽兽区别开来，是后来的圣人让契为司徒，"教以人伦：父子有亲，君臣有义，夫妇有别，长幼有序，朋友有信"。孟子明确提出了父子、君臣、夫妇、长幼、朋友五种人伦，调整"五伦"的行为规范为"五常"，即仁、义、礼、智、信，它们是用以调整、规范君臣、父子、兄弟、夫妇、朋友人伦关系的五种行为准则。

重视人伦关系，即重视人的健康成长。儒家思想非常重视人伦关系。儒家思想重视人伦关系是基于对人类社会的本质认识。他把社会看成各种关系的组合。社会关系是家庭关系的延伸，父子、师徒、君臣这样的关系是一类关系，处理这些关系是君子修身之本，正是因为儒家思想重视人文关系，才有人认为，以儒家思想为主导的中国文化是伦理文化。中国文化也是集体主义文化，它是重集体、重关系的文化类型。

儒家思想重视人伦关系是为了维持社会有序和稳定。而人伦关系对个体的成长非常重要，重视人伦关系就重视了个体的人格成长。个体健康成长需要良好的环境，优良的人文环境就是和谐有序的家庭环境。一本《论语》讲述了重要的人伦关系，父子、夫妇、长幼涵盖了整个家庭关系，五常是依据人伦关系的本质来设定的。以夫妇为例，夫妇有别恰如其分地规范了男女、夫妇不同的思维方式、做事方式、社会角色和家庭职责，对今天的婚姻建设仍有启发。以五常的规范来进行个人修养和家庭建设，将增进家庭和谐，家庭和谐将促进个人的心理健康。

"五常"对心理健康具有保健功能。"五常"作为道德规范，具有促进心理健康的功能。道德与心理健康有密切的关系，道德健康能够保证心理健康。道德健康与心理健康存在重要的内在关联，它们是健康的要素，道德健康包含于心理健康之中，是心理健康的保证。"五常"是调整人际关系的道德规范，对此道德规范的正确理解和践行是道德健康的重要组成部分，从而对心理健康起到重要的作用。

儒家把一个家庭甚至一个家族看作一个系统，每个人并不是单个的人，而是家庭系统、家族系统中的一员。个人的言行关乎家庭和家族的荣辱，个人的价值和地位也与家庭中的其他成员有关。儒家的家庭观可以说是系统的家庭观。

中国传统文化蕴含着丰富的资源，凝练其中的心理健康思想具有重要的意义。这是弘扬中国传统文化的需要，是心理健康教育理论发展和教育实践的需要。儒家思想在中国人精神世界有着重要的作用。从心理健康的角度来看，从"仁爱"出发可以产生积极的心理健康观；"恻隐之心"是共情的基础；中庸思想促使人对认知、情绪的适度性把握；"五伦""五常"的道德要求是建立在系统的家庭观上的，能够调整人与人的关系，进而增进心理健康。所以说，提炼儒家思想中的心理健康思想并用于实践是非常必要的。

2. 我国佛教的心理健康思想

佛教在两汉之际由古印度传入中国，并与中国的儒家思想和道家思想融汇形成中国佛教思想。中国佛教和古印度原始的佛教并不相同，它融合了中国的文化，禅宗是中国化的佛教。中国佛教对中国的政治、哲学、文化艺术和民俗等都产生了重要而深远的影响。在历史上和现实中，它对中国人民的精神世界亦起到一定的作用，其作用是双重的：一方面，它使人接受现实，缓解因普遍存在的生死困惑而产生的焦虑；另一方面，它阻滞了人们改变世界，妨碍了人们心理能力的提高。虽然在佛教教义中没有明确的对心理健康的论述，但其稳固人心的思想随处可见，其中有些是人思想的桎梏，而有些思想，比如明心见性的认识、禅宗中修身养性的方法，在新时代可以结合现代心理学理论对它们进行创造性地转化并加以利用。

（1）顺应天命：适应现实

中国佛教的"十二因缘说""业报轮回说""人生是苦"是其宣扬顺应天命、

适应现实的理论依据，对心理健康产生一定的影响。第一，有助于为个体心理健康提供稳定的社会秩序。第二，有助于人们安于现状，接受现实。第三，帮助人们减少死亡恐惧。第四，帮助人们接受和应对现实世界的苦难。佛教为苦难、挫折和不公正提出了合理的解释，揭示困难、挫折和不公正的价值所在，宣扬在这个世界上一个人的生命价值由对他人和世界的牺牲来决定，从而减少认知不协调。总之，在人生观、人生价值的基本问题上，佛教教义帮助人们解决生死难题。

前世心理疗法对某些心理病人有很好的疗效，这些疗效的取得可能主要归因于三点：第一，精神分析疗法中处理过去的创伤在治疗中起作用。第二，能够记起前生意味着生命是无尽的，这种认识可以消除人们对死亡的恐惧。第三，转换角度对生命价值的顿悟能够起到心理治疗的效果。

（2）行善修身：道德的心理健康价值

佛教的创立者释迦牟尼本名悉达多，是位王子，佛教典籍记载，悉达多出游时见到生活在贫病痛苦中的民众，受到触动，决定出家修道拯救众生。悉达多出家修道求佛的动因源于对人的不幸命运的关注，源于帮助人摆脱痛苦不幸境地的善意愿望，这种慈悲为怀的情怀奠定了佛教的善的理念的基础。

行善修身是佛教对现实生活的指导，佛教伦理是佛教的重要内容。"佛教学说包含着戒、定、慧三学。戒是指戒律，是防止佛教徒作恶的清规戒律。定即禅定，是指修持者集中思虑观悟，以断除情欲。慧即智慧，谓能使修持者理解断除烦恼、迷惘，以获得解脱。"可以说，戒、定、慧是佛教的伦理思想。简单地说，行善修身就是"诸恶莫做""诸善奉行"。

行善修身是佛教的伦理思想。行善修身这一基本准则是依据因果报应的原理确立的。佛教思想进入中国之后，与我国的儒家思想相融合，对人伦关系规定了行善修身的行为规范。概括地说，行善修身就是"诸恶莫做""诸善奉行"，为适应儒家思想，佛教非常重视孝道，把孝和戒结合起来，认为佛教的大戒以孝为先。

行善修身也是佛教的心理健康思想。首先，行善修身蕴含着促进心理健康的思想，即控制欲望能够促进心理健康。佛教的行善修身重视在认识上获得智慧，此智慧的核心就是认识到人的欲念对人的限制。其次，修身养性能达到心理健康的效果。修身养性能够对外部世界形成较为正确的认识，而正确的认识有助于心理健康。修身养性能够带来和谐的人际关系，而良好的人际关系是促进心理健康的重要因素。

从心理健康的角度加强道德教育是行善修身对我国新时代思想政治教育的启发。以往我们大都从思想政治教育的角度强调道德教育的重要性，并取得了一定的成果。从思想政治教育的角度进行道德教育，强调的是道德教育的社会性功能，它能够培养适应社会主义的建设者、接班人。从心理健康的角度进行道德教育，强调的是道德对个体的心理健康的价值。道德对个人心理健康的价值是会成为个人道德修养的动力，从心理健康的角度进行道德教育易于被大多数人接受，因而从心理健康的角度阐述道德教育的重要意义，既会提高道德教育的效果，也会促进心理健康。

（3）禅定调息打坐：专注当下

禅定调息冥想是佛家修行的方法，对心理健康有一定的作用，并被当代心理治疗所接受，创造出正念心理治疗方法。

为什么禅定调息打坐可以促进心理健康呢？首先，禅定调息打坐有助于自我察觉。禅定调息打坐要求人的意念专注于当下的呼吸、身体的反应、头脑中的意识等，专注于当下的躯体反应和内心活动对情绪的调整和自我觉察都有帮助。其次，佛教打坐调息的方法有助于缓解压力，放松心情。从生物学角度来解释，反复地唱诵调整了呼吸，缓慢有规律的呼吸有助于情绪的调整。佛教仪式中简单重复的动作和音调对人有镇定的作用。反复的、仪式性的动作使人产生控制感，简单反复地唱诵不但使佛教教义得到内化，而且能够平复心情。最后，伴随打坐冥想的声音，尤其是冥想时的音乐能够给人的心灵以慰藉，由此对心理健康有促进作用。

佛教禅定调息冥想的方法对新时代中国特色社会主义思想政治教育具有一定的启发。新时代中国特色社会主义思想政治教育的重要功能是鼓舞和激励广大人民群众撸起袖子加油干，为实现中华民族的伟大复兴而奋斗。但同时，思想政治教育也要适应新形势，不断满足广大人民群众的多种需要，其中缓解焦虑和压力是当前广大人民群众需要的一部分，因而思想政治教育需要创设自己的减压方式。思想政治教育的减压方法包括端正认识，即正确认识事物发展的规律、正确认识困难和挫折，除此之外也可以创造性地转化调息冥想的方法为自己所用。调息的呼吸放松法可以被直接利用，音乐冥想法可以对冥想的内容做适度的改变，删除佛教教义的内容，变为适合思想政治教育语境的话语。

3. 道家的心理健康思想

道家思想蕴含着丰富的资源，至今仍然影响着国内外哲学、医学、心理学、政治学等学科领域。已有一些学者对道家的养生学、心理健康思想进行了一定程度的整理和研究，国外也有学者以道家思想为依据创制了相应的心理治疗方法。道家思想中的人生观、辩证思想对心理健康产生了积极的影响，在此做较为系统的阐述。

（1）道法自然，清静无为：机能自主，有益的生死观

道法自然、清静无为是道家人生观的概括表达。只要顺应自然，人具有的无畏生死、逍遥自在、苦痛自愈的能力就会充分展现；只要少私寡欲，坚守清静的最佳状态，就会知足常乐，心境平和。道家的道法自然与人本主义的人生观有相通之处，对人本身的能力充满信任。

道法自然，清静无为是指人、人类社会和自然一样有其发展规律，这个规律是"道"，只要遵循了"道"，就可以无为而治，做人和治国的最高境界是依据"道"的无为而治。"道"是天地之间所有事物的属性，顺应"道"，不做与"道"相悖的事即可达到人生的目的。《老子》第二十五章言："故道大，天大，地大，王亦大。域中有四大，而王居其一焉。人法地，地法天，天法道，道法自然。"直译这段话的意思是：道大，天大，地大，王也大。宇宙间有四大，王居其一。人取法于地，地取法于天，天取法于道，道本性自然。规律独立长存，老子无法为其命名，因而称其为大，天、地、人都有其规律，它们和道（规律）一样都是无边而无所不至的，是"大"的。正是因为"道法自然"，道家提出治国和做人均要无为。

"无为"主要具有两层含义：一是"顺自然而为"，二是"无为无以为"。

顺自然而为，从王弼对《老子》的注解看，他曾说："天地任自然，无为无造，万物自相治理，故不仁也。忍者必造立施化，有恩有为。造立施化，则物失其真。有恩有为，则物不具存。""天地任自然"是让人们知道，天地是自然存在的，本就没有仁抑或不仁的概念，因此也并不具有善恶的价值。王弼对"道法自然"的解释中，认为道所遵循的对象是自然，而道德根本特性便是不能违背"自然"。"道常无为，而无不为。"一方面，人类为了发展必定要"有为"，而这种有为便是要顺应自然。"圣人无常心，以百姓心为心"，是一个顺应自然的、无为而治的理想型社会。无为无以为，道家的无为观念里也包含了"无所作为"的含义。老子将"无为而无以为"归于"上德"，频繁地强调要"处无为之事"，这样做的意义在于说明政府抑或是圣人都不要做任何叨扰百姓生活的事，这样便可以达到人民"自化"的目的。由此可以看出，老子所说的"无为"包含"不做事"的含义，但这里的"事"只是"某些事"，并非全部，即并非无所作为。另一方面，也可以说是"不为"，这里的"不为"主要是说让万事万物按照其自身的规律正常发展。道家的哲学认为人类和自然的共同发展应该被维持其中的平衡，这种平衡在绝大多数时候需要人们的"不为"。

道法自然，清静无为的思想对心理健康具有积极的意义。第一，道法自然有助于消除死亡恐惧。道法自然的思想取消了生死对立，认为死是一种休息。这种

不喜生不恶死，随顺自然的积极超拔的生命观给生者以支持和安慰。第二，道法自然达观的生命态度对生活有着指导和支持的意义。第三，道法自然展现了道家思想对人具有自主发展的本能的充分相信。只要顺其自然，人就会自然发展，人具有成为自己的内在动机，只要顺其自然，人格就会健康发展。第四，"无为"对避免心理问题的产生具有一定的意义。道法自然反对过分的"有为"，反对过分地改变自己去适应外部环境。即使对"无为"进行消极的理解，即无所作为，它对心理健康也具有一定的作用。第五，少私寡欲，清静无为有助于形成超然的人生态度，有助于身心健康。

（2）知足常乐，至乐无乐：道家的乐观

知足常乐，至乐无乐是道家对快乐的基本看法，道家的乐观精神建立在它的辩证思想上，对平衡情绪和欲望具有积极作用，有助于心理健康。

道家思想具有乐观的精神，对"乐"进行了辩证的阐释。《老子》《庄子》中多处言及"乐"，比如《老子》第四十六章、《庄子·养生主》、《庄子·至乐》等，认为人能够保持乐的状态，要追求自由之乐。

道家的乐观精神是建立在其辩证思想的基础上的。道家对世界、社会及人生的认识充满辩证思维，具有高超的智慧。可以说一部《老子》通篇闪烁着辩证思想的光芒。如《老子》第五十八章："祸兮，福之所倚；福兮，祸之所伏。"道家思想认为，自然是阴阳对立统一的，事物的发展一定是朝相反的方向运动的，正反可以相互转化。财富、名誉可能带来与其相反的后果，因而只有知足才能保持恒久的快乐。道家的辩证思想使人们认识到事物是发展变化的，万事万物依据"道"运行变化，具有相生相克、正反等规律，因而对事物的变化有所预测，对外在事物和自身较易产生可控制的感觉，道家的辩证思想使人超越悲喜，达到至乐无乐的境界。

道家的乐观精神，对心理健康有着支持作用。建立在辩证思想基础上的道家的乐观精神，对中国人尤其是中国文人的精神和心灵给予支持和力量。首先，道家的乐观精神给人目标和动力。从道家产生以来，知足常乐、至乐无乐便成为国人在现世中的出世追求。其次，道家的乐观精神给失意者以精神安慰。知命安时、淡泊宁静的精神追求给生不逢时、怀才不遇的饱学之士以心灵的安慰。最后，道家的乐观精神平衡物我关系。知足常乐平衡物我关系，外物不能保障人的快乐，建立在财富上的快乐是不稳定的，物散，乐即散。在对待外物上，人要不以物喜，不以己悲。道家的思想也可以理解为对情绪的辩证理解和把握，对情绪的平衡和调节具有启发意义。

（3）上善若水，贵柔守雌：适应和接纳的价值

水代表了世间最高尚的德行，是"圣人"的代表。因为水以最谦卑的姿态对人，善万物而无所取，滋养万物而不名。至柔，却克刚，以"不言""无为"而无不为。王夫之解释说："五行之体，水为最微。善居道者，为其微，不为其著；处众之后，而常德众之先。"以不争争，以无私私，这就是水的最显著特性。水滋润万物而无取于万物，而且甘心停留在最低洼、最潮湿的地方。

道家"上善若水，贵柔守雌"的思想有其独特的价值。从心理健康的角度来看，它突出了适应的价值，接纳和肯定柔弱的特质，顺应和接纳柔弱的品质，明确适应外部环境可以支持和保障人的精神健康。

上善若水是指最高的善就像水的特质一样，容纳万物而不争抢。《老子》第八章云："上善若水，水善利万物而不争，处众人之所恶，故几于道。"正是因为水具有最高尚的品质，安于人所厌恶的低处，因而它的行为最接近于道。《老子》第七十八章进一步阐释："天下莫柔弱于水，而攻坚强者莫之能胜，以其无以易之。弱之胜强，柔之胜刚；天下莫不知，莫能行。"天下没有什么东西比水更柔弱了，而攻坚克强没有什么东西可以胜过水。"贵柔守雌"是后人对老子强弱雄雌思想的提炼。《老子》第四十三章论述了"贵柔"的思想："天下之至柔，驰骋天下之至坚，无有入无间，吾是以知无为之有益。"天下最柔弱的东西，纵横出入于天下最坚硬的东西，无形的力量穿透没有间隙的东西。

"上善若水，贵柔守雌"的思想对心理健康具有积极的作用，主要表现在两个方面。一方面，对上善若水的品格的追求能够提高适应能力。水的特质代表着道家的理想人格，其特质是顺势而为、容纳万物、不争抢。达到道家理想人格的人，顺势而为，具有良好的适应能力，从心理健康的基本理论来看，适应是达到心理健康的重要途径和方法，一般情况下社会适应良好的人大体上是心理健康的状态。另一方面，对柔弱的正确认识有助于心理健康。与儒家崇尚刚阳不同，道家推崇柔弱，认为柔弱是最有力量的品质，这种认识是道家道法自然的世界观在其人生观的逻辑归宿和话语表达，它是对人本真面目的尊重，认识并接纳了生命的有限性和个人能力的有限性。

三、健康心理学的历史发展及面临的任务

健康心理学兴起和发展以后，人们普遍接受了相关的健康观念，即一个人对自己的健康负有根本的责任，并认为，一个人的健康或疾病与其个人的行为密切相关。健康心理学认为，个人参与有益活动，即"行为卫生"，可以达到维护健康、

防治疾病的作用和目的。健康心理学的发展，也是人们不断完善和发展科学的学科理念的缩影，是人们从过去注重探讨自然奥秘的科学思想转向注重科学探究与实践相结合，注重科研成果的实际应用的科学观念的转变的典型；也是使科学研究注重时代变迁和实际变化的需要，兼容并蓄、相互融合的科学应用的代表。而健康心理学的这些发展历程本身，则又清晰和明确地昭示了健康和疾病的本质特征。

现代人的健康观的形成，首先得益于心理学对健康的关注和在医学研究领域的心理学的应用，现代医学从注重自然因素或客观因素对健康的影响，转向同时重视精神因素、行为因素对健康的影响的研究。所有这些，真正始于 20 世纪 70 年代以后，在此之前，由于显微镜、抗生素等的发展和对细菌学的研究的进展，医学家的科学研究和健康观念停留在生物学、细菌学、化学、物理学等方面，但是随着科技的发展、新药物和新技术的应用，尤其是生物免疫技术的成熟和应用，在传染病的治疗和防治方面，取得了令人瞩目的成就。过去严重威胁人类健康的各类传染病，如天花、麻疹、白喉、破伤风、结核病、水痘、猩红热、肺炎、肝炎、霍乱、痢疾、伤寒等得到了有效的控制，有些疾病，如天花，甚至被宣布在人类疾病中消灭了，其他大部分疾病也都能很好地预防，或只有很低的发病率。另外，由于细胞学、细胞遗传学、生物工程学、神经生理学、电子显微镜、显微外科学、微创及介入医学技术的进步和实际应用，使得过去很多生物物理学、生物化学为基础的医学难题被克服，不论是从病源学，还是诊断治疗学都有了巨大的进步和发展，面对许多疾病，从过去的束手无策到现在的可以轻松面对和处理或可以控制。在此基础上，社会和个人对健康的要求自然发生转变，由防治传染病、营养不良、降低高死亡率的健康需求，转变为希冀提高生活质量，健康长寿。

但从 20 世纪 70 年代开始，人们发现事情并非那么简单，这美好的愿望并不那么容易实现。首先，随着社会进步，人们的衣食住行及生活方式有了很大变化，工作环境、工作性质、社会行业结构也在发生着明显变化，人们的消费观念、生活节奏、社会关系，都在日新月异地变化着，人们的生活压力在增加，生活节奏明显加快，在经济转型中心理适应问题也在增多。其次，虽然与贫穷相关的传染病、营养不良性疾病在明显减少，但人们的健康问题并没有根本改观，只是疾病谱发生了变化而已，威胁人类健康的变成了心脑血管疾病、肿瘤、糖尿病、肥胖、高脂血症等。另外，还有其他大量的威胁人类生存的问题不断发展，如生活不规律、熬夜、酗酒、吸毒、吸烟、紧张、环境破坏和污染、焦虑抑郁、违章驾驶、车祸及意外事故、成瘾行为、神经症、自杀等。从发展中国家到发达国家，几乎都难逃这样的模式和问题，而这些问题的根源和解决途径，又都是只能依靠和发展心理学，或者说健康心理学，也就是说，唯有人们学习和理解了健康心理学的观点，唯有注重心理健康包括行为健康，才能够使人们的实际健康状况有所改观，例如，保持整洁的环境，文明施工和保护环境不被污染，合理及健康的饮食习惯，戒烟限酒，积极参加体育运动，保持正常作息及合理的生活方式，改变不健康的习惯行为，教育儿童养成良好的卫生习惯等。这些健康心理学和行为医学研究提出的健康忠告，也是健康心理学和行为医学的研究成果，都是现代医学和健康心理学的重要组成部分。随着人类文明与科学技术的不断进步，人们对健康的探索逐渐从对生理健康的研究发展至对心理健康的研究；医学模式也逐渐从传统的生物医学模式转变为生物—心理—社会的医学模式；人们对健康的追求从基本的拥有健康强壮的体魄，发展至对情感满足、自尊及社会幸福感等心理满足感的追求。所以，学习和了解健康心理学，培养健康的行为方式，成了每个现代人的必备的知识基础。

健康心理学在过去和现在乃至将来，仍将担负起研究、宣传、普及、探索健康学、疾病防治学、健康教育学等方面的重要任务。其在健康与疾病的行为学研究上，在心理健康教育上，在健康有益的生活方式上，在健全人格的培养上，在疾病防治积极推动和预防措施的开展上，在健康心理学与其他学科合作探讨解决交叉性问题上，仍将任重而道远。

四、影响心理健康的重要因素

心理健康的影响因素到底有哪些呢？如果对心理健康的影响因素进行全面而深刻的探究，就会找到促进心理健康的途径和方法。影响心理健康的因素是近年心理学界研究的重点问题。

研究心理健康的影响因素是从研究精神疾病的成因开始的。心理疾病的成因复杂多样，它们的形成机制难以测量，尽管在一百多年多心理学家已经开始假设心理疾病产生的原因，但至今仍然对一些因素没有形成定论。为预防心理疾病，医学界、心理学界对与心理疾病有关的因素做了大量研究。到了 20 世纪 50 年代，心理学者把关注点聚焦在积极因素上，开始研究哪些因素可以促进心理健康。心理健康的影响因素是复杂的，是多种因素交互作用的结果，这些因素包括先天的生理因素、外部环境以及内外因素相互作用形成的人格因素。

（一）自身的生理因素

首先，基因的差异使个体在心理健康方面的先天素质有所不同。基因是人格差异性产生的重要原因，人与人在性格特点的差异上有遗传因素的影响，英国的高尔顿是较早证明遗传对人格有重要影响的人类心理学家，他对同卵双生子进行了实验，发现同卵双生子在多方面具有相似性。美国心理学家布沙尔通过追踪研究 100 多对被分开抚养的同卵双生子，得出"人格特质具有高度遗传性"的结论。不同的先天的生理基础使人在情绪感受、应对策略上有所不同，例如，血清素和多巴胺在不同人体内的差异会导致其对情绪感受和反应的不同。大脑中的血清素和多巴胺是影响人格的生理性因素。血清素转运蛋白质影响情绪反应的强度，如果血清素转运体基因发生变异的话，会影响大脑回路的调节，如控制恐惧情绪的调节能力受到影响。哌甲酯和安非他明通过释放多巴胺来刺激人体，使其产生行为。多巴胺的释放能够激活多巴胺受体，如果有关哌甲酯和安非他明的基因发生变异，释放多巴胺和激活多巴胺受体的情况就会发生变化，从而影响人们的内在感受和外在行为。由此可见，人天生具有差异性，在心理健康方面也相应具有先天的差异，但是，到目前为止，基因中多种因素如何组合，怎样作用于人格的机制并未被揭示。

其次，某些心理障碍产生的原因包含遗传因素，遗传因素与心理异常的关系在精神医学领域内有过很多的研究。临床心理治疗家和心理学家采用了家族调查、双生子研究、寄养于研究和染色体研究等方法，揭示了遗传因素在不同精神疾病中的作用。例如，在躁狂抑郁症患者家族中有较多的同类患者，其遗传因素的作用较为明显。在焦虑症与强迫症患者中，近亲发病率也较一般居民高。通常认为，遗传因素和心理状况、社会环境、应激事件等共同导致了焦虑症和强迫症的发病。

（二）人格因素

人格对心理健康产生重大影响，健康而成熟的人格促进心理健康，反之亦然。可以说，影响心理健康的人格因素既是先天因素，也是外部环境因素，它是先天因素和外部环境因素的综合。

有些人格特质对心理健康有促进作用，有些人格特质对心理健康有不利影响。心理学家们一直致力于对人格所包含的基本因素进行研究，特质学派的心理学家们用实验和测量的方法来分析、测量人格结构，其中"大五"人格结构被多项研究证实，并被较为广泛地接受。"大五"人格理论认为，人格有五个重要的基本维度：神经质性、外向性、求新性、随和性、尽责性。测量人格中这五个因素的得分，能够预测其人格特征。例如，神经质性分数高者的烦恼、不安全感等消极情绪多，而分数低者多表现为平静、具有安全感和自我满意。"大五"人格理论并没有揭示不同的人在五个维度上分值不同的原因，有的人格心理学家推论是进化的原因，也有人猜测可能与某些神经结构有联系。"大五"人格特质中适宜、适度的特质——责任、开放、外倾、情绪稳定等与积极的情绪体验相关，较易保持心理健康；反之，"大五"人格特质中极端的特质——不可靠或因过度尽责而形成的刻板、没有弹性的特质对心理健康产生不利影响。除"大五"人格理论外，还有人格心理学家指出，人格中的韧性特质对心理健康的帮助尤为重要。韧性是一种在艰难困苦中适应环境并获得幸福的能力，具有这样特质的人能够克服常人无法克服的困难，在经受挫折和疾病之后能够迅速恢复，这一特质是天生的但是也可以通过后天培养而获得，例如，通过建立现实而合理的目标。

从成功和失败中总结经验和教训，对他人能够共情等都可以增加韧性的特质，具有韧性特质的人在心理健康方面是具有优势的。

与人格特质相关的一些因素，如乐观情绪，对心理健康也有重要的影响。具有认知坚强个性特质的人在认知上具有乐观积极的倾向，会把变化视为挑战，他们不害怕变化；坚强的人会承诺全力投入实现目标的实践，致力于解决问题；坚强的人觉得能够控制自己的行为和体验，他们不会成为习得无助的受害者。研究者发现典型的乐观者能有效地应对逆境，这可能是由于他们比悲观者使用了更多的积极的和直接的应对策略。因为能够直接面对问题，并有能力采取解决问题的措施，所以乐观者与悲观者相比，成功体验较多，较易获得心理健康。除典型的乐观者以外，防御性悲观者虽然常体验焦虑和紧张的情绪，但他们和乐观者一样，其悲观是防御性的，这些个体故意把注意力集中在所有可能会变糟的事情上，并以此为动力，努力做到更好，可以说悲观是促进其进步的内隐动力。防御人格特质有其生理基础，但通过后天学习和教育是可以变化的。因而，通过学校教育和自我教育以培养能够带来积极心理效果的人格特质，可以达到促进心理健康的效果，先天因素、外部环境因素、人格因素并不是单独对心理健康起作用的，而是这些因素相互影响、相互作用，共同影响着心理健康。

（三）外部环境因素

从人是一切社会关系的总和这一本质出发，从对心理健康内涵的正确理解出发，外部环境因素是心理健康的重要条件。外部环境因素包括家庭、学校和社会环境。心理健康学把对个人进行心理支持的家庭、学校和社会因素叫作社会支持系统，一个人的社会支持系统越强大，这个人的心理健康水平越高，反之亦然。

1. 家庭因素

家庭是心理健康的重要资源，也是产生心理问题的重要根源，家庭属于一个人最重要的社会支持系统，对子女的心理健康有着十分重要的影响，关系不良、家庭结构模式不健康会给子女带来一定程度的心理问题。影响大学生心理健康的原生家庭类型有：家庭关系不融洽，学生缺乏安全感；父母管教太过苛刻，学生压力太大；不受父母重视，学生出现自卑情绪或出现讨好型人格等。有研究表明，不良的亲子关系与心理问题呈现正相关关系。在期待型亲子关系、溺爱型亲子关系和不安型亲子关系中的青少年，存在如强迫症、人际关系不良、焦虑和敌对等心理健康问题。也就是说，父母对子女期待过高，对子女要求严苛，会使子女产生一定的心理问题，期待型亲子关系与抑郁症存在高相关；父母对子女过分溺爱，致使子女难以与他人和谐共处，溺爱型亲子关系与人际关系不良存在高相关；如果父母对子女的前途过分担心和不安，可能会把自身的压力转移到子女那里，不安型亲子关系与焦虑症存在高相关。影响子女心理健康发展的家庭因素还有很多，其中，家庭的结构模式是一项重要的因素。笔者通过电子邮件的方式对北京高校的心理咨询师进行了调查，对反馈的 21 份问卷结果取均值计算，来访者中超过80% 的个案心理问题产生的原因来源于家庭。精神分析学派取向的心理咨询师认为几乎所有的心理问题都是家庭原因造成的。

为什么缺乏家庭支持会导致心理问题呢？问题家庭的子女更易产生低自我价值感，低自我价值感易引发心理问题。自我认识源于家庭，并且一旦形成就很难改变。人对自己的最初认识来源于其生命中最重要的他人——父母，因此一个人如何看待自己与父母如何看待他是分不开的，如果父母认为其子女是有能力的、性格好的人，对子女的认识多为赞赏和肯定，那么，其子女对自己的认识大体上与父母相同，觉得自己足够好，认为别人喜欢自己；反之则相反。孩子从父母那里得来的自我认识不会轻易改变。孩子内化和认同了父母对自己的认识，在社会化的过程中，他人（老师和同伴）的评价和自我评价会促使其更全面地认识自己，但是从父母那里得来的自我认识是很难改变的，在关键时刻尤其是遇到困境和挫折的时候，父母的评价会显现出来并起作用。以多子女家庭中从小不被父母看好的子女为例，其成人后想要做出成就证明自己，证明父母对自己的认识是错误的，即使以社会的标准其获得了成功，但其仍然要寻求父母的肯定，对父母的负性评价仍然过分敏感，自我价值感仍然较低，这也可以归为首因印象难以改变。

家长教育子女的方式不当，对子女的认识和评价不当，家庭结构模式不健全将导致子女具有较低的自我价值感。忽视子女或对子女过分严苛甚至暴力都会使子女自我感觉不好，怀疑自己的价值；父母有不道德的行为，家庭结构模式不健全使子女难以对父母产生认同感，不接纳父母的孩子很难接纳自己。因而在这样的家庭教育下的子女易过分自卑、自我价值感低。低自我价值感难以应对挫折和困难，较易产生心理问题。低自我价值感表现为自卑感较强，对自己少有肯定，大部分是不满，认为自己缺点很多，甚至一无是处。首先，低自我价值感导致现实问题积压，久而久之可能形成心理问题。低自我价值感的人缺乏行动力，在困难和问题面前常常选择逃避，因而使其问题积压，不愿面对的问题积累到一定的程度就可能产生较严重的心理问题。其次，低自我价值感导致不良的人际关系，人际关系的恶劣可能导致心理问题：低自我价值感的人对自己不满意、不喜欢，因为投射的自我保护机制，把对自己的不喜欢投射到他人和外部环境上，表现为不喜欢他人，对自己所处的环境不满。当与他人关系不好甚至恶劣，与自己所处的环境不能和谐相处时，个人会产生很多心理困扰，久而久之就会产生心理问题。总之，有心理问题的大学生普遍自我价值感偏低，在某种程度上也可以说正是因为自我价值感低才导致其心理问题的产生。

父母关系和教养方式是影响大学生生命质量的重要因素，父母感情好或采用民主型方式教养的大学生生命质量更高。感情好的父母能够给予子女最大的关爱和支持，引导其树立积极的情感观念，创造良好的家庭氛围，减少家庭矛盾对子女心理、行为的不良影响，促进子女生命质量的提高。民主型的教养方式既提供正确友善的引导，又赋予子女实现自我意愿的信心，在约束和引导之间达到平衡，生命质量最高；在忽视型教养方式下，父母的关爱和指导较少，子女的困难和负面情绪无人关注，得不到父母全方位支持，生命质量最低。

因此，心理问题的产生与家庭有着密不可分的关系，心理健康的获得也与家庭有着密不可分的关系，家庭是影响心理健康的重要因素。

2. 学校因素

学校教育对个体的心理健康有着重要的影响：

第一，学校重视人的全面发展，并对此有所设计、规划和努力实践，这有利于学生心理健康的发展；反之，重分数、重排名的学校教育不利于学生心理健康的发展。马克思主义理论的现实归宿是促使人的全面发展，即人的体力和智力的充分发展，人的精神世界和谐地发展。社会主义教育事业以人的全面发展为教育目标，培养年轻一代成为有理想、有能力、有担当的建设者。为此，德育、体育、美育、心理健康教育等应用专业知识的教育并行，要从小学开始对学生加强健全人格的教育。健康人格可以有效地促使心理健康水平的提高，这一结论已多次被实证研究证实。德育、体育、美育是健康人格塑造的重要途径，它们与心理健康密切相关。道德是心理健康的重要保证；身体健康与心理健康相互作用，彼此影响；美育可以培养积极乐观的品质。因而只有学校教育充分重视健全人格的教育，并科学地规划和实践，才能促进学生心理健康的实现。与此相反，重分数、重排名是用单一的标准对人进行评价，易使还不成熟的学生以单纯的外在评价来进行自我评价。一方面，分数低、排名靠后的人会形成非自我肯定的自我认知，自尊感低，从而形成较低的心理健康状况；另一方面，即使分数高、排名靠前的人也是以学业成绩这一单一标准进行自我评价的，如果学业成绩落后或者进入非单一标准进行评价的环境就倾向否定自我，随之产生心理困惑和问题。第二，校园中相互理解支持的团队合作有利于个体的心理健康；反之，相互攀比、恶性竞争的集体环境不利于心理健康。校园环境中如果是相互支持和合作的人文环境，浸润其中的人会感到有安全感和信任感，安全感和信任感是心理健康的重要保证。反之，恶性竞争的校园环境会削弱彼此之间的信任，甚至会有意识地相互伤害，这样的外在环境对人的心理健康有不利的影响。第三，学校中的重要他人（老师和同伴）的理解、支持和帮助有利于学生的心理健康；反之，老师的指责贬损、同伴的孤立不利于学生的心理健康，老师的欣赏和支持，同辈的接纳和理解是重要的心理支持资源。人格是由"小我"和"大我"组成的。"小我"是我们自身独一无二的气质和性格；"大我"是我们所处的社会环境赋予我们的身份，由重要的他人眼中的我们的丰富特质组成。学校中的老师和同伴是"大我"的重要来源，如果受到老师和同伴的接纳、肯定和支持，就会形成强大的"大我"，心理力量随之强大。与此相反，老师肆意指责和批评，加之同伴孤立，这些心理创伤会严重影响心理健康。

学生需要快乐的环境才能快乐地学习与生活，我们至少要做到通过在学校创造一个快乐和有趣的空间来保证学生的精神健康。因为学校不仅是用来培养受教育者的地方，而且是保障社会素质的力量。不幸的是，今天我们看到，学校的休息时间是不愉快而又充满压力的，而不是用来创造感觉和热情。学生很高兴来到学校，但不久这种愉快的感觉变成了不愉快，也许最主要的原因正是教育环境不够快乐。

3. 社会因素

社会对心理健康的影响是广泛和复杂的，在此只着重论述社会的稳定性对个体心理健康的影响。与社会稳定相对的是社会动荡，自然灾害、冲突、战争给人类带来心理创伤，显然是不利于心理健康的。然而社会的飞速发展对心理健康也会产生一定的不利影响。首先，社会稳定使人不用频繁地启动调节机制，减少心理压力。人的调节机制是使自己与自己、自己与他人、自己与社会相互协调以保证心理健康的心理进化机制。如果社会稳定，人们就不需要频繁地调动自身的调整机制，但如果社会变化过快，处在变化中的个人就需要不断调整自己以适应变化，如果难以调整或难以迅速调整都会产生心理困扰。即使是进步的社会变化同样会带来心理压力，影响心理健康。其次，社会稳定使人们较易获得控制感。控制感是人的基本需求，它包括对外部事物和对他人保持一定程度的确信，如果缺乏控制感，人就处在不确定之中，就会调动心理能量做各种努力以保持确定，由此会增加人的压力。最后，社会稳定使人们较少产生时间压力，能够对有需要的人提供帮助，形成良好的社会风气。时间压力是指因感觉时间不足而产生的压力。社会心理学家通过实验对利他行为进行研究，研究的结论是时间是否充裕是影响利他行为的重要因素。当人在有充足的时间的情况下，就会对他人的需求有所关注，能够辨识周围的人是否需要帮助；反之，如果时间仓促，人在匆忙中只能关注自己的目标，无法搜集其他的信息，对需要帮助的情况难以觉察，更不要说施以援手了。社会发展平稳有助于减少因迅速发展而产生的紧迫感，减少时间压力。对发展速度的追求可能减少人们之间的互助行为，这种心理规律可以在一定程度上解释经济飞速发展的社会中为什么有多起见死不救事件的发生，缺乏相互帮助的社会普遍被认为社会道德水平低，而道德低下会增加人们的不满情绪，使人的安全感降低，削弱彼此的信任感，社会发展过快会产生一些社会问题，造成一些不良的社会心态，从而影响心理健康。

第三节　高职院校大学生的心理健康标准

一、心理健康标准概述

心理健康的评估，无论是被评估者个人的体验，还是采用某种方法对某一个人所做出的评价，抑或是对评估标准的内涵的解析和归纳，都是试图全面概括心理健康的内涵和外延，以及对心理健康定义的全面解读，国内外的学者大多是根据个人的认知、情绪情感、意志、行为、人格、社会适应和人际关系等方面的表现和特点来评价、确定的。

（一）中国的心理健康标准

国内关于心理健康标准的探讨与争论由来已久。我国学者周燕梳理了1984年以来众多有关心理健康标准的研究，列举出12条心理健康标准。之后数年，《教育研究与实验》刊载了一系列论文，引发热议与争论。首先，焦点集中在心理健康标准究竟应该遵循适应社会的原则，还是遵循个人发展的原则，江光荣将其总结为"众数原则"与"精英原则"。社会适应论认为心理健康的人应该是符合社会主流价值观、能较好适应社会规则的人，或如江光荣所说："假定社会成员中绝大多数人的心理行为是正常的，偏离这一正常范围的心理行为可视为异常。"但这种观点遭到了一些学者的反对，如张海钟认为："虽然绝大多数心理学家、社会学家、医学家都十分强调社会适应，但笼统地把社会适应作为心理健康的一个标准，不仅在临床上会使心理医生无所适从，而且会在哲学、伦理学、文化学上陷入悖论。因为智力、情绪、意志、人格及自我意识本身不牵涉社会道德与文化规范问题，而一旦与社会适应或人际关系结合起来，就会牵涉到利己或利他、正义或非正义、促进社会进步还是阻碍社会进步的问题。"反对者强调，社会并不一定就是绝对健康的，不同地区、不同时期的社会环境都不一样，心理健康不能简单遵循是否适应社会的原则。此外，叶一舵认为，"众数原则"和"精英思路"都是一种研究标准，并非心理健康本身的标准。这两种"研究标准"都不能完整反映人类心理健康的全貌，两者的兼容并蓄才是可取的。

（二）国外发展中的心理健康标准

西方的心理健康观念，则以崇尚自我为核心，崇尚个人的成长、潜能的发挥，尊重个体的独立性与创造性，重视直接而坦率的自我表达。

（1）1946年第三届国际心理卫生大会明确提出的心理健康的标志

①身体、智力、情绪十分调和。

②适应环境，在人际关系中能彼此谦让。

③有幸福感。

④在工作和职业中能充分发挥自己的能力，过有效率的生活。

（2）美国心理学家奥尔波特提出的心理健康的六条标准

①力争自我的成长。

②能客观地看待自己。

③人生观的统一。

④有与他人建立亲睦关系的能力。

⑤人所需要的能力、知识和技能的获得。

⑥具有同情心，对生命充满爱。

（3）美国学者库布斯认为一个心理健康、人格健全的人应具有的四种特征

①具有积极的自我观念。

②恰当地认同他人。

③面对和接受现实。

④主观经验丰富，可供取用。

（4）马斯洛认为的心理健康标准

对于心理健康的研究，心理学上最著名的当属美国的马斯洛。马斯洛将理想的心理健康看作自我实现，即人的所有潜能的充分实现与人的不断成长，并提出了自我实现者临床观察的 16 个方面的特征。在此基础上，他提出了被公认为经典的心理健康的 10 条标准。

①有充分的自我安全感。

②能充分了解自己，并恰当估计自己的能力。

③生活目标切合实际。

④与现实环境保持接触。

⑤能保持人格的完整与和谐。

⑥具有从经验中学习的能力。

⑦能保持良好的人际关系。

⑧能适度地宣泄情绪和控制情绪。

⑨在不违背团体要求的前提下能适当地发展个性。

⑩在不违背社会规范下能适当地满足个人的基本需求。

因此，综合上述各种观点，结合我国的实际情况，我们认为心理健康的标准有以下几个方面。

①对自我的恰当认识，悦纳自己。一个心理健康的人，能体验到自己的价值，既能了解自己，也能接受自己。有自知之明，对自己的能力、性格和优缺点都能做出恰当客观的评价。不会高估自己，不会对自己具有的一些长处和优势沾沾自喜，从而提出不切实际的生活目标和个人理想；同时，也不会贬低自己，为自己在某些方面存在的不足而自责、自怨、自卑。心理健康的人能接受自己，对别人

的评价能做出客观的反映，自我认识稳定，并保持积极的生活态度，努力发展自己的潜能。

②较强的意志品质。意志品质的特点是目的明确合理、自觉性高、善于分析情况、果断、坚韧、有毅力、心理承受能力强、自制力好，既有现实目标的坚定性，又能克制干扰目标实现的愿望、动机、情绪和行为，不放纵、不任性。此外，心理健康的人，人际关系和谐，乐于与人交往，既有稳定而广泛的人际关系，又有自己的朋友，在交往中保持独立而完整的人格，有自知之明，不卑不亢，能客观评价别人，以人之长补己之短、宽以待人、友好相处、乐于助人，交往中亦积极态度多于消极态度。还有心理健康的人能够适应和改造环境，保持人格的完整和健康。

③对现实环境的良好适应。心理健康的人能够面对现实，接受现实，并能主动地去适应现实，进一步地改造现实。对周围的事物和环境能够做出客观的认识和评价，并能与现实环境保持良好的接触，既有高于现实的理想，又不会沉迷于不切实际的幻想和奢望中。面对不利的现实环境，既不怨天尤人，也不采取逃避的方式，而是敢于面对现实的挑战。

④能与他人建立和谐的人际关系。心理健康的人乐于与人交往，不仅能接受自我，能很好地面对现实，而且也能接纳他人。在与人交往中总能注意别人的长处，不苛求别人，同时也能被他人所理解，被他人和集体所接受，能与他人进行较好的沟通，并保持和谐的人际关系。在集体生活中与大家融为一体，既能与挚友同聚一堂共享欢乐，也能在独处沉思时无孤独感。在与人相处时，同情、友善、信任、尊敬等积极的态度，总是多于猜疑、嫉妒、畏惧、敌视等消极的态度。

⑤热爱生活，乐于工作。心理健康的人能珍惜和热爱生活，积极投身生活，并在生活中尽情享受人生的乐趣，有积极的人生体验。心理健康的人不在乎生活事件的细小，不管是一次朋友聚会，还是独自漫步街头，总能从其中体验到生命的意义。同时他们还在工作和学习中，尽可能发挥自己的聪明才智，并从学习与工作的成果中获得满足和激励，把学习和工作看成乐趣，而不是看成负担。

⑥保持健全的人格。标志着完整的人格健康的各个结构要素显示，心理健康的人不存在明显的缺陷与偏差，并且有清醒的自我意识，不产生自我同一性混乱，以积极进取的人生作为人格的核心，并以此有效支配自己的行为，有着相对完整统一的心理特征，并能充分了解自己，对自己的能力做出适度的评价，能适度地发泄情绪和控制情绪，特别是心理行为符合年龄的特征。如果一个人的心理行为经常严重偏离自己的年龄特征，一般都是心理不健康的表现。

⑦有效地调整情绪。心理健康的人，愉快、乐观、开朗、满意等积极情绪体验总是占优势，虽然会有悲、忧、愁、怒等消极情绪体验，但一般不会长久；同时能适度地表达和控制自己的情绪，喜不狂，忧不虑，胜不骄，败不馁，谦而不卑，自尊自重，在社会交往中既不妄自尊大，也不畏惧退缩；对于无法得到的东西不过于贪求，争取在社会规范允许的范围内满足自己的各种需要，对于自己能得到的一切感到满意，心情经常是开朗、乐观和愉快的。

二、高职院校大学生心理健康标准

（一）大学生心理健康标准

根据高职院校大学生的年龄阶段和身心特征等方面的特殊性，结合学术界对心理健康标准的阐述，高职院校大学生心理健康标准主要体现在以下八个方面。

①智力正常。智力正常是大学生从事学习、生活的基本条件，观察力、注意力、记忆力、想象力、思维能力和实践操作能力都是智力的范畴。学习是大学生的天职，智力正常的大学生学习目标明确，态度端正，精力充沛，有良好的求知欲望和学习兴趣。在学习过程中能充分发挥自我效能，能够掌握科学的学习方法，学习有效率，此外还能在校园文化活动和社会实践活动中有较好的表现。

②情绪稳定。情绪是个体对外界刺激产生的态度体验。在大学里，来自学习、人际交往、就业等方面的竞争和压力常常给大学生带来烦恼、彷徨和困惑。情绪稳定和心情愉快包括的内容有：愉快情绪多于负性情绪、乐观开朗、富有朝气，对生活充满希望；情绪较稳定，善于控制与调节自己的情绪，既能克制又能合理宣泄自己的情绪，情绪的表达既符合社会的要求又符合自身的需要，在不同的时间和场合有恰如其分的情绪表达；情绪反应与环境相适应，反应的强度与引起这种情境相符合。

③意志坚强。意志坚强是心理健康的重要标志。意志坚强的大学生，能够在大学期间科学规划自己的大学生涯和人生道路，在不同年级阶段设置合理的阶段性学习成长目标，积极付诸实际行动，并且能表现出较强的自觉、坚韧等品质和良好的自控能力，顺利达到预期的目标。反之，则容易缺乏目标、行动盲目，遇到困难不知所措或者偏激武断，难以实现自己的目标。

④自我意识清晰。自我意识清晰的大学生，能根据身边老师、同学、亲友的意见，对自己的能力做出客观合理的评价，正确悦纳自己，做到不苛求自己，不自傲自大，也不过于自卑，这也就是我们常说的"自知之明"。还能在准确认知自

我的前提下，合理规划自己的大学生涯和人生道路，从客观环境中吸取有益自己成长的营养，最大限度地挖掘自己的潜能，并有效地控制自己的认知、情绪和行为。

⑤人格完善。人格是个体比较独特稳定的心理特征的综合，一个人格完整统一的大学生，其气质、能力、性格和理想、信念、人生观等方面均衡和谐发展，具有积极健康的价值观和人生观。因此，人格完善的大学生能以积极的态度和方式处理问题，与周围同学相处融洽，没有偏激的认知、情绪和行为。反之，则有可能会形成嫉妒、焦虑、偏执等不良性格，对大学生学习生活和今后的人生发展造成不良的影响。

⑥人际关系和谐。大学生在大学里面对的是来自五湖四海，成长经历、性格和气质都不相同的老师和同学。良好而深厚的人际关系，是事业成功与生活幸福的前提。其表现为：乐于与人交往，既有广泛而深厚的人际关系，又有知心朋友；在交往中保持独立而完整的人格，有自知之明，不卑不亢；能客观评价别人和自己，善取人之长补己之短，宽以待人，乐于助人，积极的交往态度多于消极态度，交往动机端正。

⑦环境适应能力良好。对于大学生来说，外部环境包括宏观的社会大环境和微观的学校小环境。环境适应良好的大学生能主动适应社会和学校环境，正确面对现实，调整自己的心态和行动，而不是消极逃避或抱有不切实际的幻想。不仅要能正确认识社会发展的主流趋势，让自己的认知、需求和行动跟上社会发展的步伐，并根据社会发展的趋势合理规划自己的人生，同时还能适应大学学习生活与以往中学学习生活之间的差异，学会独立自主地学习生活，妥善处理学习、生活上的困难，善于开展人际交往，面对就读学校和专业、个人素质、家庭条件等现状和差异能保持乐观的态度，积极遵守校纪校规、班级规章制度等普遍性的规范要求。

⑧行为反应适度。无论是处于青春期的中学生、步入大学生活的青年大学生，还是沉稳的中年人和老练的老年人，不同年龄段的人群都有着独特的心理状态和心理行为。大学生的认知情感和行为要与自己所处的年龄阶段相适应，保持蓬勃的朝气和充沛的精力，勇于探索、进取、创新和思辨，不能严重偏离所处年龄段的特征，如没有明确的学习生活目标而每天感到空虚乏味，离开父母后感到无助，遇到考试不及格等小挫折就痛不欲生。

应该说，上述大学生心理健康标准的内容，涵盖了一名高职院校心理健康的大学生应当要具备的主要心理特质，为大家提高自身心理健康水平提供了参考。但是大学生心理健康标准的内容是广泛的，也难以完全用语言文字详尽描述，因此大家在现实生活中并不能绝对或者片面地用上述标准来衡量大学生的心理是否健康。同时，大学生心理是否健康需要由专业人员来进行专门的评估和诊断，在平时生活中切不可对照心理健康标准对身边的同学随意下结论。

（二）疫情之后大学生心理健康标准

2020年的新冠肺炎疫情影响了各行各业，虽然目前疫情处于平缓状态，但也要做好长期攻坚的准备，所以后疫情时代大学生健康又有了新的标准。

（1）情绪积极且可控 .

在后疫情时代，大学生应该正确处理各种因素导致的负面情绪，能察觉到自己正在被负面情绪所影响，并努力摆脱负面情绪，懂得利用正面情绪来强化动机。积极的情绪应该多于消极的情绪，主导的心境应是平和、乐观、愉悦的。有自制力与意志力，能控制自己的行为，为实现目标而做出行动，停止或减少无益行为，不做出伤害他人和自己的行为。

（2）良好的道德观念

良好的道德观念应是符合社会主流道德观念的。我国的道德和价值观体系是以社会主义核心价值观为主的。心理健康的大学生，应当践行并内化社会主义核心价值观，爱国爱党，懂得尊重他人，具备同理心与同情心，有美德有操守。在后疫情时代，大学生应该带头响应政策法规，遵守公序良俗，对他人的付出予以肯定。

（3）学业应对自如

在后疫情时代，大学生应具备碎片化学习的意识与能力。在完成学业方面，心理健康的大学生应该朝气蓬勃而锐意进取，对自己的大学生活有较高的自我管理意识和较为清晰的人生规划；能以积极的心态参与学习、社团、社会实践、实习等活动，渴望表现自己积极向上的一面；能克服惰性，主动培养自己对学习的兴趣、探索学习方法，进行自主学习与自我激励；能应对学业压力与挫败感并试图改善；能坚定信心、突破自我，增强意志力与执行力，正确面对生活中遇到的艰难险阻。在生理学角度，能集中并保持注意力、记忆力以满足学业要求，能规律作息，保证足够的睡眠时间与睡眠质量；思维敏捷、思路清晰，具有较强的逻辑抽象思维能力；精力充沛，正常完成学业，不过分感到疲惫。

（4）健康的社交

在社交不断网络化的后疫情时代，大学生应妥善处理网络社交与现实社交的关系，清醒理智地看待网络社交，不在网络社交的伪装与虚拟中迷失自己，不沉迷成瘾，少接触与传播负能量。加强现实社交，了解与他人彼此间的权利和义务，对与他人关系中自己所处的位置有准确把握，能客观了解他人、关心他人的要求，并对其进行诚心的赞美和善意的批评。积极地进行沟通，并保持自身人格的完整性。

（三）正确理解大学生心理健康的标准

大学生应当从以下几个方面正确理解心理健康的标准，以便更好地提高自身心理健康水平，促进身心健康协调发展。

（1）心理健康的标准具有指向性意义

心理健康是人类永恒的追求，一个人只有拥有了健康的心理，才能让自己处于积极、愉快的生活状态之中。心理健康的标准为人们衡量自己的心理是否健康提供了明晰的标尺和依据，也告诉人们提高心理健康水平的努力方向。作为一名大学生，无论自己现在的心理健康状态如何，是否有心理困惑，都应当充分认识到心理健康对自己成长成才的重要意义，将心理健康的标准作为准绳，积极主动地学习心理健康知识，提高自己的心理健康水平和心理素质，充分发挥自身潜能，促进自己全面发展，让自己更加快乐地学习生活。

（2）心理健康的标准是一种相对理想化的尺度

《不列颠简明百科全书》指出，心理健康是指个体心理的本身及环境条件许可范围内所能达到的最佳功能，但不是十全十美的绝对状态。在现实生活中，每个人都会为学习、工作和生活等方面的烦琐的事情所困扰。对于大学生来说，专业知识学起来是否困难，同班或同寝室同学相处是否融洽，食堂的饭菜可不可口等，这些不起眼的小事都有可能会给大家带来心理困扰。有些心理困扰还有可能会使同学们出现情绪不稳定、注意力无法集中等不良反应。其实，即便是心理健康的人，如果承受过多的压力，也会出现紧张、焦虑、厌烦等不良情绪。因此，心理健康的标准只是一种相对理想化的尺度，给人们提供发展心理健康的方向，而一般人都会在正常范畴内有着一定的心理困扰和压力。大学生在学习生活中遇到一些心理困扰也是正常的，大家大可不必对此感到担忧或焦虑，所需要的应当是提高自我心理保健意识，及时调整自己的情绪，必要时积极向老师、专业心理咨询师或其他专业人士寻求帮助。

（3）心理健康与心理不健康处于动态变化的过程

心理健康并非意味着内心永远没有压力、冲突和痛苦。相反，心理健康总是处于动态变化的状态，它伴随着心理适应与不适应、协调与不协调之间的交错运动，因此，心理健康与心理不健康通常是连续或交叉的状态，而非完全分明的对立面，很多时候人们都处于心理健康和不健康状态之间。但心理健康的大学生，即便承受着来自学习、人际交往等方面的心理压力和困扰，也总能有效地调整自我，与外部环境保持协调，从而让自己的心理处于相对健康的状态。

大学生心理健康标准不应局限在生理学或心理学的单一学科取向，社会、伦理、道德等都应作为心理健康标准的因素纳入考量。

第二章　高职院校大学生常见心理问题

心理问题是影响大学生身体健康的重要问题，本章列举了大学生生理、心理特点，高职院校大学生常见心理问题的分类、心理健康的影响因素，以及常见问题的解决途径和调试，另外列举了高职院校大学生常见心理问题的典型案例以供大家参考。

第一节　大学生的生理、心理特点

一、大学生的生理特点

人生的大学阶段是生理、心理发展的重要转折阶段，在此阶段大学生向成年人过渡并健康地发展。从生理学角度分析，人的一生可分为胎儿期、婴儿期、童年期、青年期、成年期和老年期。在人的生长发育过程中，一般来说有两个生长发育的高峰时期：第一个高峰期是人体形成的重要时期，为胎儿期；第二个高峰期是人体成熟的时期，为青春期（即青年前期），它也是人体发育的转折时期和定型时期。我国的儿童一般从 11～13 岁起步入青春期（青年前期），自十七八岁到二十三四岁进入青年中期，我国的大学生一般都处于 18～23 岁这一年龄段，正处于人体发育的青年中期。在这一时期人的身体各系统的生长发育渐趋缓慢，亦渐趋成熟。大学生阶段身体的外形基本定型，但又没有完全定型，一般情况下我国的男性身高的生长发育自十四五岁开始，终止于 23～26 岁；女性的身高生长发育自十二三岁开始，终止于 19～23 岁。因此从身高生长的趋势来分析，大学生的长势平稳缓慢，但是由于青年期活跃好动，若注意增加营养及多参加体育活动，其身高仍会有一定的增长。当然身高与遗传和生活环境也密切相关。

随着身高的增长，体重增加，而体重的增加主要与内脏、肌肉、脂肪和骨骼的发育相关。一般情况下，骨骼发育生长基本定型，男性的肌肉发达，体型就显得粗壮结实，体重与肌肉发育的关系比女性更密切，这与雄激素有关。肌肉占体重的比重为男性约40%，女性约30%；脂肪占体重的比重为男性11%～20%，女性18%～22%。发育成熟的女性脂肪厚实，皮肤光泽细腻，体型丰满，体重的增加以脂肪为主，属脂肪型，这与雌激素的分泌有关。

二、大学生的心理特点

健康不仅指有机体身体上的健康，还指具有健康的心理和良好的社会适应能力。当代大学生成长于数字化时代，他们的心理发展具有时代特点。因此，研究他们的心理发展特点，对教育和培养大学生成为国家和社会所需要的人才有着重要意义。

（一）大学生的认知发展特点

由于大脑机能的不断增强，生活空间的不断扩大，社会实践活动的不断增多，大学生的认知能力获得了长足的发展。这个时期，大学生的感觉、知觉灵敏度及记忆力、思维能力增强，逻辑抽象思维能力逐步占主导地位。但是，由于大学生抽象思维的水平并没有达到完全成熟的程度，思维品质发展不平衡，思维的广泛性、深刻性、敏感性发展较慢，尤其在运用唯物辩证的观点和理论联系实际观点看待问题时显得理性不足，往往把问题看得过于简单而陷入主观想当然的境地。

以自我为中心这一认知特点是十分显著的高职大学生心理特点之一，由于对于学习及远大理想认识上的不足以及思想上的不重视，一些高职大学生没有为自己设定拼搏目标，并且十分缺乏抱负与面对困难的意志品格，且不具备坚韧不拔、迎难而上的创业精神。现如今，人们生活质量与物质水平在社会经济发展的推动下得到了大幅度的提升，高职大学生大多都是在优良的家庭条件下长大的，其没有经历过艰苦朴素的情境锻炼，具有明显的"骄""娇"特点。并且在社会多方面因素的影响下，一些高职大学生过于重视对于奢侈享受的追求，没有吃苦耐劳、艰苦奋斗的努力意识，对于知识的追求更是消极被动。与此同时，高职大学生还存在屡见不鲜的男女不正常交往、逃课、迟到早退、打架斗殴等现象，使得高职院校的秩序受到影响，并在一定程度上影响着教学工作的落实开展。

（二）大学生的情绪发展特点

作为青年人典型代表的大学生群体，他们整体的身心状态还处于青春期这一个体发展的关键期，心理状态具有更加丰富、敏感及不稳定等特点。这个时期的个体情绪反应强度大、变化快，情绪调控能力相对较弱，这些特点决定了大学阶段的青年人常常会产生各种各样的情绪困扰。

"青年心理学之父"霍尔认为，处在青年期的人的情绪是动摇、起伏的，出现一些非常显著的相互对立的冲动，他称之为狂风暴雨的时期。大学生的心理发展正值青年时期，在生理发育接近成熟的同时，心理上也经历着急剧的变化，尤其反映在情绪上。相对于中学生来讲，大学生的情绪内容趋向于深刻和丰富，情绪的表达趋于隐蔽，情绪的变化也逐渐趋向于稳定。具体来说，大学生情绪特点主要表现在以下几个方面。

1. 外向、活泼、充满激情

就大学生整体水平而言，在情绪特点上，表现为乐观、活泼、开放、热情、精力旺盛、积极向上、充满着朝气和激情。

2. 波动性与两极性

大学生的情绪年龄正处于未成年人向成年人转变的阶段，在情绪状态上存在着两种情绪并存的特点。一方面，相对于中学阶段，大学生的情绪趋于稳定和成熟；而另一方面，与成年人相比，大学生的情绪带有明显的起伏波动性，容易从一个极端走向另一个极端。情绪有时会表现为大起大落、大喜大怒的两极性。

3. 冲动性与爆发性

大学生的情绪特点还表现在情绪体验上特别强烈和富有激情，对任何事都比较敏感，有时一旦情绪爆发，自己则难以控制；甚至表现为一定的盲目狂热和冲动。一些大学生在处理同学关系及师生关系的矛盾时，在对待学业生活中的挫折时易走极端，给自己及他人带来伤害。

4. 情绪的心境化

情绪的心境化是大学生情绪的重要特点。中学生的情绪往往随着情境的变化而变化，情绪反应来得快，消失得也快。而大学生的情绪反应往往不会随着外界刺激、环境的改变而变化，情绪趋向于心境化。例如，大学生一次比赛的胜利所引起的愉悦情绪可能会持续一个星期甚至更久。同样，一次恋爱的失败也可能引起一个月甚至长时间的痛苦感受。人们形象地把大学生这种趋向心境化的情绪称为"拉长了的情绪"。

（三）大学生的自我意识发展特点

自我意识是个体关于自我及自我与周围关系的意识。从自我意识产生的源头来看，个体必须首先确立自我，然后才能开始产生自我意识。自我意识在产生之后的发展过程中经常会出现多重矛盾、偏离等问题，对于这些问题，我们如果仅仅局限于自我意识本身，难以找到产生问题的根源。因此，我们必须追溯到自我意识产生的源头才能认清问题的实质，自我的本质是什么就是首先需要界定清楚的问题。明确了自我的本质之后，再展开对自我意识问题的探析、调适就有据可依了。"人不仅通过思维，而且以全部感觉在对象世界中肯定自己。"世界上不存在绝对独立的自我，在个体的意识领域内总是先有了对于他我，即他人眼中的我的意识，然后才开始产生对于自我的意识，个体总是通过发现他而后发现我。"自我意识是自在自为的，这由于并且也就因为它是为另一个自在自为的自我意识而存在的。"黑格尔以思辨的方式阐明了自我因他我而存在、自我意识的产生源自他我意识的事实。美国哲学家米德沿袭了黑格尔的研究思路，对自我意识的产生做出了更加具体的阐述。米德认为，个体并不是通过直接经验体验到他的自我的，而是通过两种间接经验与途径：一是社会群体中其他个体成员的特定观点；二是整个社会群体中的一般观点。

大学阶段是大学生自我意识发展迅速和趋于完善的重要阶段，他们这时已形成较强的自我意识，更关注自己，但他们也存在着自我接受、自我认同等矛盾冲突。他们注重对自己内在素质的认知，会过高或过低评价自我，出现自我评价与自我体验之间的不平衡，导致他们要么夸大自我，要么过于自卑。另外，他们一方面认为自己已是成年人了，想摆脱父母的控制；另一方面他们又涉世不深，遇到挫折时又需得到父母的帮助与支持。

大学生的自我意识具有以下特点。

1. 强烈关注自我形象

中学阶段，学生关注的主要是学习，对自己的内心世界和外在形象关注得比较少。进入大学后，学生的关注点发生了很大的变化。他们开始积极、主动地探索自我，强烈关注自我形象。在外形上，注重穿着打扮，追求时尚、个性，期待得到他人的关注与赞赏；在心理上，更加关注自己的内心感受及他人对自己的观点与评价。许多学生会经常反省自己："我的性格好不好？""我的能力强不强？""我是不是一个受欢迎的人？""我现在是个什么样的人？""将来我会成为什么样的人？"值得注意的是，由于大学生的生活阅历有限，与社会有一定的距离，社会实践能力不强，往往是从自我的角度去认识和评价自己的。所以，大学生的自我认知、自我体验容易出现偏差，容易走向极端：要么就以"老大"自居，自我感觉良好，目空一切，盛气凌人；要么就很自卑，认为自己是无能的、渺小的。

2. 自我体验丰富而强烈

大学阶段是人生最"多愁善感"的年龄阶段，自我体验既丰富又强烈，往往表现得比较细腻、敏感而深刻，凡是涉及"我"及与"我"相联系的事物都可能引起大学生的情绪情感反应，而且情绪情感容易两极分化，或高或低，波动性大，易冲动，不易控制。

3. 自我意识的迷失

（1）自卑与自我意识的迷失

自卑这种心态，在一些中学阶段学习优秀的学生里往往更容易出现。其在大学里找不到以往鹤立鸡群的感觉，失去了以往的自信，甚至有了自卑感。从自我构成的主体性来说，这部分学生以往对自我的认知与肯定是建立在与他人相比较所具有的优势基础上，这实质上是对他人的一种依附，而依附产生不了主体性，这种不具有主体性的自我并不是真正的自我，其自我认识必然随着他人强弱状态的变化而变化。

（2）空虚、迷茫与自我意识的迷失

部分大学生空虚和迷茫往往是由没有适应大学阶段的变化，没有及时树立新的目标造成的。很多学生在中学时甚至从上小学以来的目标就是考大学，在大学没有及时确立新的阶段的目标，陷入了空虚和迷茫。这说明这样的大学生还没有真正地确立自我认同的人生观与价值观，并予以指导自己的行为，这种现象也属于自我意识的迷失。

（3）孤独、空虚与自我意识的迷失

孤独感和空虚感是分不开的，当人感到内在的空虚时，一种自然的反应便是寻找他人以得到慰藉或者给自我进行定位，心理学家指出，"人类需要与他人的关系以对自己进行定位"。在一个相对陌生的环境中，一些不善于人际交往的大学生不能很快地融入新的集体，开始产生孤独感，这种孤独感实质上也属于自我的迷失，对孤独的恐惧大部分是源于害怕失去我们自己的自我觉知的焦虑。如果人们想到长时间处于孤独的状态中，将失去自我的边界，将没有任何东西来定位自己。

4. 自我意识充满矛盾

（1）主观我与客观我之间的矛盾

自我有主观我与客观我之分，英语中的 I 与 me 能很好地区分这一含义，前者是主观我，用来表示我是什么，我做什么；后者做宾语使用，表示怎样看待我，给我什么。

作为同龄人中能够接受高等教育的人，大学生对自我普遍有较高的积极评价。但由于大学生在校园浓郁的学术与文化氛围中生存成长，对社会缺乏客观的了解，社会上对当今大学生"重理论轻实践、重专业轻基础，重科学轻人文"的评价，特别是随着高等教育大众化进程的推进，适龄青年接受高等教育机会的增加，社会对大学生的评价更趋客观。大学生回归本位，主观我与客观我之间出现矛盾，从而在一定程度上产生自我的冲突与混乱。

（2）理想我与现实我的矛盾

理想我是指个人想要达到的完美形象，是个人追求的目标，它引导个体实现理想中的个人自我。现实自我是个人从自己的立场出发，对现实中自我的各种特征的认识。

大学生心中承载着无数的梦想，有抱负、有追求、有理想，成就动机强烈，很多大学生心中涌动着比尔·盖茨般成功的梦想，为自己设定了一个美丽的"理想我"，也对大学生活进行了理想化的设定。但当他们踏入大学开始真正体验大学生活动的时候，现实与心中的理想形成了巨大的反差，出现了"理想真空带"与"动力缓冲带"，一时间找不到自己生活的方位。对理想自我的渴望与对现实自我的不满构成了这一时期大学生自我意识发展的重要组成部分。值得重视的两个方面：一是理想我与现实我有一定距离是正常的，它可以激励大学生奋发图强、积极向上，向着梦中的方向努力；二是当现实我距离理想我太过遥远时，大学生会产生各种各样的心理不适甚至自暴自弃，变得平庸无为，变得无所事事，变得没有动力。

（3）独立与依附的矛盾

一方面，大学生生理与心理的成熟使他们渴望独立，以独立的个体面对生活、学习与工作中遇到的问题。但由于长期的校园生活使他们的社会阅历与经验相对匮乏，当应急问题、突发事件出现时，他们又盼望亲人、老师、同学能够替自己分忧。另一方面，大学生心理上的独立与经济上的不独立也形成了明显的反差，在迫切希望摆脱约束、追求自立的同时，却又不可能真正摆脱家长、老师的支持和帮助。特别是对于某些独生子女来说，由于长期受到父母的溺爱，这种独立与依赖的矛盾就表现得非常突出。

（四）大学生的价值观发展特点

价值观是个体以自己的需要为基础对事物的重要性进行评价时所持的内部尺度。进入大学后，大学生有较多的时间来阅读有关人生问题的书籍，也会经常思考诸如"什么是人生重要的东西？""学习是为了什么？""将来我要成为一个什么样的人？"等问题，可以说，大学生正处在人生观、价值观形成的重要阶段。

作为新时代成长起来的大学生，"00后"大学生具有强烈的竞争意识、积极进取的开拓精神、接受新事物的较强能力、很强的法律意识。当问到"在知道对手跟自己水平差不多，甚至比自己强的时候，你还愿意与之竞争吗？"，有70%的"00后"大学生仍然愿意参与竞争，而27%的大学生会犹豫，只有3%的大学生持不愿意的态度。面对"当遇到问题时，你是否能主动思考解决问题的方法？"这一问题时，58%的大学生选择"会十分积极地思考解决问题的方法"，35%的大学生表示比较主动，5%的大学生表示偶尔主动，只有2%的大学生表示不会主动思考。问到"您觉得自己对新环境的适应度怎么样？"时，45%的大学生表示可以很快适应，20%的大学生表示在短时间内可以适应，33%的大学生表示有点不适应，会怀念以前的生活环境，2%的大学生表示很不适应，情绪低落。问到"你的权益受到侵害时，你首先想到的是什么？"时，调查数据显示：74%的大学生选择拿起法律的武器保护自己，13%的大学生希望通过关系解决，3%的大学生选择通过武力解决，2%的大学生不会在意，8%的大学生表示很委屈，但也觉得没有办法。由上可见，"00后"大学生主流价值观积极、健康、向上。

大学生的价值观具有以下特点。

（1）多元性

当今大学生身处在多元化的环境和开放的时代，已不再有清一色的价值信仰。价值观多元性的特点有积极的一面，也有消极的一面，例如注重个性发展，主体意识强化反映了其进步的一面，但对基础文明、社会公德等方面的不屑一顾和无所谓的思想，甚至对传统道德的不理解，则是退步的；对外来价值观念的兼收并蓄是正确的一面，但轻信、盲从、缺乏批判意识，则是错误的。这些无不反映了在当下社会转型期，整个社会价值的动荡不定对大学生价值观的影响，必然导致只在乎个人的得失而缺乏高尚的精神。

（2）实用性

大学生追求自我价值的实现，渴望成才，企盼致富；许多学生关心事业，关心家庭，关心时事，关心环境，关心经济政策，关心"看得见摸得着"的实惠。具有实用性价值取向的大学生对待生活、学习和工作的态度是务实进取的，具有较强的竞争意识和学习的自觉性，能主动适应社会需要。在努力学好专业知识的同时，学习各种实用技能和考取各种证书，为自己在求职时增加筹码。大学生实用价值取向在一定程度上可以推动社会的进步。但是，这种实用性有时带有一定的庸俗性，如有些大学生过分看重"关系"，贪图金钱、地位和眼前利益，欣赏高尚但不想拥有高尚，赞誉英雄模范但并不想成为英雄模范，缺少了大学生应有的理想和精神。

（3）不稳定性

大学生的价值观正处在形成阶段，还没有最终定型，因而具有不稳定性。随着大学生自我意识、独立意识的增强，大学生心理从不成熟逐渐走向成熟。一方面，大学生享有现代社会丰富的物质生活和精神生活，思想活跃、见识广、信息快、自主意识强；另一方面，由于缺乏社会生活经历，缺乏对国情、世情、民情的深刻了解，具有明显的知识局限性和思想方法的片面性。上述两方面的矛盾，让心理并未完全成熟的大学生的价值观容易受到外界环境的影响，致使价值观动摇不定，难以体系化。

大学生道德精神层面弱化，形成了具有功利性、目的性的认知习惯。由于社会经济的进步与发展，人们愈发追求高品质的物质生活水平，新时代大学生身处这样的环境中难免受到影响。在实际生活中，许多大学生处理问题时会优先考虑自身利益，逐渐养成功利的观念，不追求思想道德素质，加上近年来愈发严峻的就业趋势，大学生会十分注重物质利益，根据个人利益对做出的事情加以判断，在认知习惯上逐渐带有功利性与目的性。

第二节　高职院校大学生常见心理问题的分类

高职院校大学生常见心理问题，除心理异常以外，大部分由生活环境变化、经济因素、学业或学习问题、人际关系问题和恋爱等所致。从健康心理学的角度来看，一个人的心理健康问题多和其遗传、教育、生存环境、年龄及发展等多方面因素有关。在这其中有些人是在幼儿期、儿童期形成的某些心理问题，到了大学期间又产生了某些特殊心理问题。例如，一个人在幼儿期，健全、稳定、健康的母子关系是幼儿人格成长和心理健康发展的重要因素，在进入幼儿园，直至小学以后，儿童与同龄小朋友一起的活动，如游戏、外出、玩耍等集体活动，或与其相处，是儿童心理成长、发展的媒介物和重要条件。儿童从这些活动中学会理解他人，学会与人相处，学会把握自己与他人的关系。这同时也是幼儿期人际关系在儿童期人际关系的体现与发展。但在现代社会，由于过早智力教育和应试教育的介入，儿童与同龄小朋友相处、游戏的时间、空间被挤占掉了，或少得可怜，这样导致了对于儿童来说非常重要的社会性的养成和人际关系体验的空间被剥夺，在儿童时期可能出现"厌学症""恐学症"，也有些儿童形成人际关系不良、自卑等心理问题，进入大学以后会产生诸多心理行为问题，如适应障碍、社交恐惧症、强迫症，甚或抑郁症等。

常见的心理问题有以下几类。

一、适应问题

适应问题（包括适应障碍）是不少大学生在新入学阶段的常见问题，大多都是由于环境陌生、不习惯集体生活，学习新知识遇到困难等因素而引起的，也有些大学生同时伴有情绪不佳、学习效率下降，甚至产生焦虑、抑郁、失望、悲伤、生理功能紊乱等。

由于每个人个性不同，来到一个新的环境以后，虽然大家都在相同的环境中，但可能产生完全不同的反应。80% 的大一新生表示，大学学习有别于高中学习，面临着从被动学习到主动学习的转变、从单一科目到综合学科的转变、从固定课室到流动课室的转变。学生容易产生学习目标不明确、学习方法不科学、学习效果不显著等问题。另外，大学更注重学生课外实践的培养和教育，部分大一新生积极参与社团活动，导致其无法有效兼顾专业学习和课余活动。35.5% 的大一新生表示，尚未做好由高中过渡到大学的准备，不知该如何适应丰富的校园文化生活。21% 的学生表示，难以适应大学生活环境、宿舍环境、人际环境。

一般来说，有相当多的大学生是从小受到父母和家庭的无微不至的关心、照顾的，个人要求以及情感上也大多能够得到满足，进入大学以后原有的习惯了的思维定式及性格特点多会受到一些心理挫折，加之经济上需要自己安排和掌握，生活上由原来的由父母管理、安排，改为需要独立安排时间，掌握作息，自主学习，碰到的学习问题也要自己去设法解决，遇到的人际关系问题也要自己独立面对，这种环境的反差和变化带来的问题在健康心理学中称为"社会文化性心理应激源"，需要当事人以顺应的态度和方法来应对和处理。

应对，在心理学上又称为应对方式或应对策略，是个体为缓冲应激源的影响，应对心理压力和挫折，摆脱心理冲突，保持心理平衡的认知适应性行为过程。个体为了减轻或改变不良情绪，可以采取宣泄、娱乐、运动等方式，在行为上也会努力改变自己，如参加运动、结交新朋友、寻求社会支持、找人倾诉和交流等。但有些人采用一些消极的适应方式则可能会带来一些新的问题，如闭门不出、卧床，甚至不去教室上课、饮酒、外出不归、上网甚至沉溺于网络形成网瘾，以及其他一些颓废的行为，就不仅仅是不健康，同时也是某种危险的行为了。也有一些人出现了健康问题等，表现为不适、乏力、疼痛、消化障碍、便秘、心悸等症状，这就是心理和生理反应，以及某种亚健康反应了。

二、学习问题

中小学时期，大部分同学在学习上得到了长辈物质与精神的全力支持，一心奔着考入理想大学这一目标不懈努力，老师、家长时常督促，大部分同学习惯了这种教育方式。在大学，学生应完成由他人督促学习到自觉学习的转变，学会明确学习目标、独立思考、善用多种学习方式完成学习任务，若学生不能顺利地完成这一转变，就会出现一系列的学习问题，如学习目标不明确、学习方法不得当等。进入大学前很多同学在班级里备受瞩目，多次荣获奖励，进入大学后仍自信满满，为了取得好名次，得到奖学金和更多荣誉，他们会更加努力，动机太强导致考试高焦虑，或是因未达到学习目标而产生气愤、无助等消极情绪，造成沉重的心理压力。

高职院校大学生的学习问题应当说因人而异，但基本上都有其共性，也都是围绕着个人的学习、学业等产生的。归纳起来大致有如下几类。

（一）迷茫

这类问题的表现是学习目标的困惑。有不少同学在中学时期，学习的主要目标是考上大学，而一旦真的上了大学，发现大学里并不像中学时期那样单一，只是以课程学习和应试为主，还有很多可学的方面，致使产生了困惑。也有同学在中学的学校里是老师和家长的宠儿，学习的尖子，大家的榜样，但到了大学以后，才发现学校里高手如林，人才济济，竞争激烈，学习的优越感丧失的同时，学习目标也变得迷茫了。也有的同学，进入大学以后被丰富多彩的大学生活给迷住了，目标过多：既想像某些同学那样成为学习的尖子，取得优异的成绩，将来好继续考研，读博，出国深造；又想自己能够像某些同学那样，参加各种校园活动，如演讲比赛，文艺表演，以展示歌喉和才艺；还想加入学生会，成为出色的学生干部，培养和锻炼自己的组织才干。这样的想法其实也是一种学习目标不明确和迷茫。

（二）不适应

良好的适应能力是心理健康的重要标志，是衡量大学生心理健康与否的重要标准。与高中相比，高职院校大学生的学习、工作和生活，乃至大学的环境、教师教学等各方面都与高中有很多不同，这种情况下适应就显得更加重要。可是对于一些大学生而言，适应大学的生活、环境和学习还是比较困难的，有少数人甚至四年下来都没有适应大学生活，因此少数大学生出现了对学习不感兴趣、缺乏积极性等状况，由此出现学习困难的情况。

（三）恋旧

这种类型是怀旧或恋旧，留恋过去甚至强烈想回到过去，新旧对比总感到新不如旧，对新的环境、新的学习内容、学习方式、方法，对教师所教授的课程感到陌生和不适应，不愿意接受。有这些感受的同学大部分不能接受新的学校的学习方式和学习生活，找不到自己过去在学习中的成就感、收获感和学习的愉悦感，和周围的同学相比，自己没有进入理想的学习状态，或者还没有学会和适应所读大学对大学生所要求的自主学习方式，不会主动学习。在没有老师和家长为自己安排学习内容和学习方式的被动式没有改变时，对大学学习方式不适应。如不会利用网络去查找资料，没有学会独立分析问题和解决问题，不会利用大学的图书馆和实验室自主性地寻求疑难问题的答案，没有学会和老师主动沟通和请老师解答自己学习中的疑问及重点，也就是说，还没有学会变被动学习为主动学习，所以就产生了新不如旧，希望回到中学时代的想法。另外，同学之间的陌生和没能很好地开展互帮互学也是造成这类心理问题的原因之一。

三、人际关系问题

当五湖四海的学生齐聚一校、一专业、一舍室，由于各自的成长环境不同，所受的文化熏陶也各不相同，因此"00后"个体的独特性显得非常鲜明。如何与老师、同学和睦相处，拥有良好的人际关系是大学生必须面对的重要课题。良好的人际关系有助于大学生尽快适应大学生活，在需要支持与帮助时可以调动更多的积极资源，这对个体的健康发展极为重要。而当今大学生的人际关系问题主要表现为不擅沟通、缺乏交往技巧、以自我为中心、过度自卑或过度自大、没有主见等，出现抑郁、孤独、苦闷等感受时难以自我调节，可利用的社会支持较少，导致出现严重的心理问题。

刚刚入学的大学生面临新的环境、新的人际关系和新的教学模式。现实中的大学和他们心中想象的大学可能完全不一样，他们在心理上会产生落差。大学是个小社会，大学中的人际往来也不像中学时期那么简单，很多学生适应不了这样的生活。大学里的同学来自全国各地，有不同的地域特色和生活习惯，室友之间、同学之间相处起来很容易产生矛盾。在大学中，学生和教师的关系也发生了极大变化。大学学习要求学生有较强的自控能力和自律能力，教师离学生的生活较远，师生之间沟通交流较少。有些无法排解心理问题的学生选择沉迷网络，在交流门槛较低的虚拟世界中满足自己的心理需求。

四、情绪情感问题

大学时期正值人生的青春勃发的美好时期，青年人生理发育进入成熟阶段，对美好生活的向往也会使每个年轻的生命对大学生活充满了美好的憧憬。但由于人生价值观的不同，各自家庭、成长环境、经济基础各异，加之各人的性格、兴趣、爱好差异，情绪情感的需求和满足方式各不相同，产生的问题也各不相同，常见问题有如下几种。

（一）自卑

自卑是一种常见的心理问题，其起因大多和不理想的教养方式有关，例如从小缺乏应有的心理指导、鼓励，缺乏良好的社会支持系统，家庭环境不良，如家庭气氛不佳，不在父母身边，或由祖父母、外祖父母抚养，或接受的批评过多，有歧视性称谓，幼年时受到冷落、嘲笑，自认为自己的某个方面不佳如身材、容貌等会成为别人的笑柄而感到自己低人一等，等等。在以后的成长过程中又没有能够积累和培养起来自己的自信，而对自己的负面印象太多或太过深刻，以至这种观念形成固定化的刻板印象而不能改变。

大学校园生活不同于以往的中学生活，多种多样的社团活动，丰富多彩的校园文化以及各色各样的社会实践活动，为大学生展现自我才能提供了广阔的空间和多样的舞台。加之学业负担的减少，多数大学生会把自己的时间和精力用于参加各种活动，以丰富自己的大学生活。因此，在大学阶段，那种以成绩优异而获得老师表扬和周围同学羡慕的优势已不足为奇。在活动中，他人表现出的才艺和能力往往会让一些大学生感到自己不如别人，加之在学习、人际交往等方面面临的压力以及自身的某些经历和缺陷，一些大学生往往会产生落差感和心理上的不平衡，不能形成正确认知，导致对自我评价过低，不能客观公正地认识自己和接纳自己，从而产生消极的不良的心态，引发强烈的自卑感。这样导致他们失去交往的勇气和信心，更易出现情绪化的状态，过分压抑自己或者以一种极端的方式发泄自己的情绪情感，最终导致消极的情绪情感体验。大学生这种容易自卑的表现使他们难以获得积极的情绪情感，给他们的健康发展带来了一定危害。另外，自卑的人大多较为被动，不愿或不敢承担责任，这样虽然心理压力会稍微小一点，但长此以往，又会增加自卑心理，所以积极参加各种活动的同时，努力争取承担一定的责任，也是逐步克服自卑心理的行之有效的实践方法。

（二）焦虑抑郁

由于每个人的生活环境都是千变万化的，人在这种不断变化的环境的相互作用之下，其心理状态也会有丰富的、微妙的、波澜起伏的各种变化，而焦虑、抑郁这种不良情绪情感也会像愉快、喜悦、满足等正性情绪情感一样经常发生，困扰人们的正常生活。

一般焦虑是指一种对未来的、不确定的不安体验，在每个人的正常生活中也都时常出现，一般不至于对一个人的正常心理健康产生明显的不利影响，但如果太过频繁，或太过敏感、强烈、突出，以至于明显影响到了个体的正常学习、生活时，就需要认真对待了，必要时需要请心理学的专业工作者帮助解决。

抑郁情绪虽然不像焦虑那样容易发生，但抑郁的不良情绪会因性格、身体条件等个人因素导致其一旦发生，极易发展而影响个人的心理健康，虽然造成抑郁情绪的原因可能很多，但产生抑郁情绪大多均有一定的性格、习惯、人生观念、价值观等基础，而且一般并非由于其经济状况而产生的。也就是说有很多人其个人或家庭的经济状况并非不佳，但仍较易发生抑郁的现象，由此证明，在所有的易感因素中，性格气质类型的影响作用可能更大。相反，有不少人家庭经济状况并非上乘，但乐观开朗、坚强的性格使其较少发生抑郁情绪。

（三）失恋的不良情绪

埃里克森人格发展八阶段理论指出，青年期的主要任务是建立深厚的友谊，从另一个人那里获得爱和陪伴感，或共享的自我认同。孤独感或孤立感可能源于无力建立友谊或亲密关系。这时候爱人、配偶、亲密朋友（男女两性）是关键的社会代理。大学校园是一个相对自由的环境，许多学生在进入大学后确定恋爱关系。由于多数学生缺乏恋爱经验，导致在恋爱时不能有效沟通，难以相互理解和包容，有意无意地做出伤害对方的举动，造成恋爱中的矛盾冲突，当这些矛盾冲突无法妥善解决时，便会产生痛苦感，久而久之就会引发一系列的心理健康问题。

一些失恋的大学生会受不了对方的离开或是伤害，心理极度绝望与孤独，内心出现焦虑、不安等不良情绪，处于失恋心理危机的大学生会存在抑郁心理，大学生不仅会心理发生抑郁，对待他人更加冷漠，害怕感情的付出，常会出现遇人躲闪的现象，难以忍受失恋痛苦的大学生还会出现轻度的精神症状，这会严重危害大学生身心健康发展。具有失恋心理危机的大学生还会产生报复心理，发泄内心的不满情绪，这也是非常偏激的一种不良行为，内心占有欲相对较强，无法忍受他人对恋爱对象的占有，从而产生报复心理。一些失去理智的大学生，在失恋以后会通过非常残忍的方式对之前的恋爱对象加以报复，内心极其扭曲，报复心理极强，这对于失恋者本身与恋爱对象而言都非常不利。

严重的失恋大学生甚至会出现自杀心理，由于内心极度恐慌与抑郁，出现悲观、悔恨等心理，这会在一定程度上引发抑郁心理，极其容易引发自杀的可能。

（四）网络成瘾问题

虚拟世界中带有暴力、色情、颓废、消极色彩的内容给大学生心理健康造成的不良影响有很多，如认知能力发展的失衡、情感趋于冷漠、畸形人际关系等，这些影响增大了网络社会与现实社会的差距。网络性心理障碍导致学生成绩下滑、厌倦学业、不想进行人际交往、个性变异，形成孤独与抑郁的心理特征，严重影响大学生的心理健康。

第三节　高职院校大学生心理健康的影响因素

一、影响因素探究

（一）数据来源

数据来源于某高职院校 2021 年在校生学习生活状况问卷调查。本次调查采用概率分层抽样与随机抽样结合的方法，首先采用分层抽样覆盖每个专业，并按照每个专业人数确定抽取比例，然后采用随机抽样的办法抽取各个专业学生。此次调查范围涵盖了公路、运输、汽车、管理、经济、机电及航海等 38 个高职专业，样本构成与全校学生专业结构保持了高度一致性。本次共发放调查问卷 900 份，其中，有效回收 820 份，样本有效性为 91.11%。

（二）研究方法

高职学生的心理健康状况受到多方面的影响。由于在校生还未真正踏入社会，受到社会环境的影响相对较小，除了个人自身特征外，家庭和学校往往是最主要的影响因素。因此我们从家庭背景、个人因素以及学校环境等三个方面进行分析。我们首先对影响学生心理健康的因素进行描述，随后进行实证分析。

1. 因变量

因变量是在实验研究中，实验者所要测量的有机体的行为反应或活动结果被叫作因变量或依从变量，它的变化揭示了自变量对行为的作用。

调查的因变量为"您觉得您的心理是否处于健康状态"（表2-1）。问卷回答为"1表示很不健康，2表示比较不健康，3表示比较健康，4表示很健康"。为了便于对在校生心理健康状况进行更直观的描述，我们将心理健康状况进行1~4分赋分，分值越高，表示该生自评心理健康状况越好，并在后续分析中使用在校生心理健康自评得分作为因变量进行分析。学生心理健康自评平均得分为3.2分，说明在校生的心理健康整体上处于较好状态。有42.68%和39.76%的人选择了比较健康和健康，大部分学生认为自己心理是健康的，但更值得注意的是，仍然有高达17.56%的学生选择了比较不健康和不健康，这需要引起我们的警惕，学生的心理健康状况会直接影响在校生的学习、人际交往，甚至是未来的职业发展和人生路程，因此对影响高职学生心理状况的因素进行探讨有着积极的现实意义。

表2-1　在校生自评心理健康状况

自评心理健康	频数	频率（%）
不健康	19	2.32
比较不健康	125	15.24
比较健康	350	42.68
健康	326	39.76

2. 自变量

自变量是由实验者有意改变或操控的条件被称为自变量或独立变量。自变量的大小，范围或取值是由实验者决定的，它被认为是引起行为差异的可能原因。

考虑到影响高职学生心理健康状况的三个方面，我们选取了三类自变量。其中，家庭因素包括户口性质、家庭经济状况以及父母的受教育水平（以较高的一方受教育程度为标准）；而个人因素包括性别、朋友数、人际关系、情绪状态、自信程度以及恋爱状态；学校因素包括对专业的喜欢程度、学习状态以及认为是否有必要开设心理辅导课程。在本次研究所使用的自变量中，男性占到总人数的70%，由于调查学校属于理工类职业院校，因此男性比例较高，样本性别比例符合学校性别分布；其中，大部分生源来源于农村地区，这一比例达到77%。有

13%的人认为自己家庭经济状况较差，但也有19%的人认为自己家庭条件良好；父母中接受过大专及以上教育程度的有12%，学历为高中的为30%，同时有57%的学生父母只有初中及以下的学历水平；有10%的学生认为自己只拥有少数的朋友，而20%的学生认为自己的朋友很多；有2.8%的学生认为自己的人际关系比较差，且7.2%的学生缺乏自信，要特别注意的是，近一半的学生处于负面情绪状态；一半以上的学生处于恋爱状态，每天上网超过5小时的学生超过总人数的13%；超过8%的学生表示不喜欢自己所学专业，且三成学生学习状态比较差；最后，有81%的学生认为有必要开设心理健康的课程。

（三）研究结果

1.原因的描述分析

首先描述了不同情况下学生的健康自评得分，男女和城乡之间不存在显著的心理健康差异，其余自变量之间均有显著的统计学差异。其中，家庭经济状况越好，学生的心理健康自评越高；父母受教育程度越高，学生的自评得分也随着提高，但该项仅呈现边际显著；自认为朋友数越多，自评得分就越高，且人际关系越好，得分就越高，拥有良好人际关系的学生与人际关系较差的学生平均得分相差0.92分；情绪状态同样会影响主观心理健康，持乐观态度的学生自评得分明显高于其他学生；失恋状态的学生自评心理健康明显要低；上网时间越长，心理健康评分越差；是否喜欢所学专业也存在差异，不喜欢所学专业的学生心理健康评分明显低于其他学生，同时学习状态越差，心理健康状况也越差；最后，认为有必要开设心理健康课程的学生评分明显要低。从描述分析结果看，除了性别和户籍性质对学生的自评心理健康没有影响以外，其余自变量都具有显著影响，其中，家庭条件较好、父母受教育程度高、朋友多、人际关系良好、拥有积极情绪和自信心以及对学习和专业比较满意的学生，心理健康自评得分较高。家庭条件不太好、父母受教育程度低、朋友少、人际关系一般、没有拥有积极情绪和自信心以及对学习和专业不太满意的学生，心理健康自评得分就比较低。

2.原因的实证性分析

我们描述了不同特征下的高职学生心理健康自评状况，但是不同因素之间的作用可能存在相互作用，这干扰了我们结论的精确性，均值检验只能让我们大概了解影响学生心理健康的因素。因此我们仍需进一步实证分析，将各自变量之间的相互影响加以控制，以便更精确地把握自变量与因变量之间的关系。因为因变量为1~4取值，应采用序次回归模型，但由于序次回归模型系数解释起来比较晦涩，所以我们仍采用传统的线性回归分析，线性模型的表达式为：

$$Y = \beta_0 + \beta_1 X_1 + \cdots + \beta_j X_j + \mu \qquad （1）$$

公式（1）中 Y 为因变量，表示学生的心理健康评分；β_0 表示截距，代表着控制了所有自变量后，学生自评心理健康的均值得分；而 X_j 代表第 j 个自变量，βj 表示自变量 X_j 的系数，μ 表示不能为模型所解释的残差项，假定服从正态分布（表2-2）。

表2-2 影响高职学生心理健康的因素分析

自变量系数		模型1		模型2		模型3	
		SE	系数	SE	系数	SE	系数
截距		3.01***	0.08	2.62***	0.20	2.93***	0.24
家庭经济状况（较差）	一般	0.16*	0.08	0.13+	0.08	0.10+	0.07
	良好	0.31***	0.10	0.17*	0.09	0.14*	0.09
父母受教育程度（初中及以下）	高中/中专	0.04	0.06	0.01	0.06	−0.01	0.06
	大专及以上	0.10	0.09	0.03	0.08	0.04	0.08
自评朋友数（很少）	一般			0.31***	0.09	0.28***	0.09
	很多			0.39***	0.10	0.33***	0.10
自评人际关系（较差）	一般			0.16	0.16	0.14	0.15
	比较好			0.37*	0.17	0.35*	0.16
自信程度（不自信）	一般			0.17+	0.10	0.13	0.10
	自信			0.34***	0.10	0.28**	0.10
情绪状态（积极）	其他			−0.25***	0.08	−0.20**	0.08
	消极			−0.43***	0.06	−0.41***	0.06
恋爱状态（已恋爱）	没有恋爱			0.10*	0.05	0.09+	0.05
	失恋状态			−0.24*	0.11	−0.26**	0.11
上网时长（1小时以内）	1~3小时			−0.07	0.09	−0.10	0.09
	3~5小时			−0.11	0.09	−0.15	0.09
	5小时以上			−0.25*	0.11	−0.23**	0.11
专业喜欢程度（不喜欢）	一般					0.27**	0.10
	喜欢					0.26**	0.09
学习状态（良好）	一般					−0.06	0.06
	较差					−0.11	0.07
开设心理课程（没必要）	一般					−0.19	0.12
	有必要					−0.40***	0.10
R_2		0.02		0.22		0.25	
样本量		820		820		820	

注：*** 表示 p<0.001，** 表示 p<0.01，* 表示 p<0.5，+ 表示 p<0.1；括号内为各自变量参照项。

因为户口类型以及性别在方差分析中没有显著差异，因此在回归中我们不再将其纳入。表2-2是实证分析结果。在线性回归模型中，模型1放了家庭环境变量，包括家庭经济状况和父母受教育程度，与家庭经济状况较差的学生相比，家庭经济状况一般和良好的学生心理健康评分分别高出0.16和0.31分，这表明家庭经济状况与学生的心理健康状况呈现正向关系，而父母的受教育程度则没有显著影响。

在模型2中，我们加入了个人特征变量，家庭经济状况的影响变为边际显著，虽然作用方向没有发生变化，但作用效应有所下降，这说明家庭经济状况对于学生心理健康的影响受到了学生个人特征的调节。在个人特征的影响方面，朋友数量、人际关系与自评心理健康呈现明显的正向关系，朋友数量一般和较多的学生的心理健康评分比朋友较少的学生分别高出0.31和0.39分，而人际关系良好的学生比较差的学生高出0.37分；自信的学生健康评分比不自信的学生高出0.34分，且具有统计显著性；此外，情绪较为消极的学生自我健康评分要比认为自己情绪处于积极状态的学生显著降低0.43分；未谈恋爱的学生自我健康评分最高，而处于失恋状态的学生自评心理健康得分最低；每天上网超过5小时的学生自评健康明显低于上网时间低于1小时的学生。

二、影响因素

大学生由高中进入大学，独自来到陌生的地方求学，面对生活习惯、文化习俗等生活环境的改变，以及人际、学习等诸多方面的变化，会出现一系列心理上的不适应。大学生正处于从不成熟到成熟的过渡期，在这个心理发展阶段很容易受他人评价的影响。在与周围人的比较（如家庭经济、性格、学业成绩、才艺特长等方面）中，他们很容易出现心理不平衡，进而产生失落和自卑感，甚至自闭。另外，他们远离了家人和旧日的伙伴，需要重新建立人际关系。面对来自全国各地的同学，每个人的生活习惯、个性特点等都不尽相同，难免会出现人际冲突；加之身边缺乏稳定的人际支持网络，会体验到更多负性情绪。

除此之外，受应试教育的影响，许多学生进入大学之后，没有了教师的督促和管理，面对突如其来的"自由"，失去了奋斗目标，缺乏对时间和生活的管理规划，往往不知所措，进入迷茫状态，从而导致心理困扰和心理问题的出现。与男生相比，女生内心比较细腻，对环境的变化更加敏感，因此在适应性上更差一些，容易出现一般性心理问题以及适应困扰。在社会文化的影响下，与女生相比，男生往往不太能够主动明确地表达自己内心想法，因此更容易遭受恋爱方面的困扰，在遭遇压力下会更多采取行为上的宣泄表达，出现更多的自伤行为。

影响大学生心理健康的因素主要包括两大类：一是内在因素，主要是指大学生的生理、心理健康状态；二是外在因素，主要包括家庭环境、学校教育和社会影响等。

（一）内在因素

从个体心理健康形成发展的机制看，"虽然大学生心理健康的形成与发展受制于多种因素，但作为学生个体与环境相互作用所表现出来的心理机能状态，大学生个体所具有心理调节机制才是心理健康形成与发展的真正内因"。

影响高职院校大学生心理健康的内在因素主要是指大学生个体的身体健康状态和心理因素，这是影响大学生心理健康的主要原因。

1. 生理因素的影响

影响高职院校大学生心理健康的生理因素主要体现在以下三个方面。

（1）遗传

心理发展的生理前提首先是遗传。虽然说人的心理活动通常不能遗传，但心理活动本身离不开人的大脑等器官，因此受到遗传因素的影响，不同的个体也具有先天差异性，并形成不同的气质特征。这是不同大学生个体具备不同心理健康状况的重要原因。

（2）大脑健康状况

大脑是产生心理活动的生理基础。健康的大脑能够合理产生和控制心理活动和行为，而大脑一旦受到伤害，便会影响到人的智力状况，影响正常的记忆和思维能力，或导致器质性心理障碍。

（3）躯体健康状况

躯体健康有利于维护健康的心理，而严重的躯体疾病或生理机能障碍则会影响个体的心理健康。这主要是因为生理上的疾病或者技能障碍，如成人甲状腺功能亢进、微量元素的缺乏等，都会引起人的情绪不稳定，出现紧张、焦虑等不良情绪，或脑功能异常等问题，最终影响个体的心理健康。

2. 心理因素的影响

个体的认知、自我意识、性格和情绪等因素是影响心理健康最重要的因素。

（1）认知

认知是人们看待事物的方式，包括一个人的思想观念、看待事物的思维方式、评价是非的标准、对人对事的基本观点等。认知的对象包括客观世界和个体本身，不同的人在认知方式和态度上有所不同，因此在认知结果、情绪和行为中也都有一定的差异。如果对客观世界做出歪曲事实的不客观、不合理的认知，这种情形就被称为认知失真。大学生心理发展还不够成熟，受到外界的影响后容易造成认知失真，如对自我评价过低，片面放大生活中小的挫折或失误，消极暗示自己流年不利等，都容易导致消极的情绪，诱发抑郁症等心理障碍。

（2）自我意识

自我意识的发展状况是衡量大学生心理健康程度的重要标准。大学生随着年龄的增长，自我意识得到快速发展，但是有时也会对自己做出不科学、不客观的评价，在人际交往中还会把握不好"自我"的度，如自控能力有待提高、以自我为中心争强好胜、清高自傲不合群、逃避现实、过度从众、过度依赖等，这会影响大学生与他人的正常交往，也不利于大学生保持良好的心理状态。

（3）性格

不同性格的人，对待同一个事物的看法会有所不同。一般来说，活泼、乐观、豁达等性格有利于大学生保持积极健康的心态，而孤僻、偏执、急躁、自负等不良的性格不利于大学生处理好与周围同学的人际关系，看待问题时容易走极端，可能还会导致大学生产生孤独、无助、压抑、挫败感等不良情绪，甚至会引发心理障碍。

（4）情绪

大学生处于情绪敏感且易波动的特殊时期，有一部分大学生自控能力还相对不足。如果受到外界的刺激和影响，容易造成情绪的起伏不定，不能冷静思考身边发生的事情，不能及时用理智调节自己，或者放任自己的感情，内心出现各种冲突和矛盾。特别是随着性生理的逐渐成熟，大学生渴望接近异性，在追求异性、陷入热恋或失恋过程中有时会难以控制自己的情绪，一旦遇到挫折便容易出现懊恼、焦虑等状况，以及心理失调或极度情绪低落。

（5）心理承受力

部分大学生缺乏自我约束力和调控能力，当其心理受到刺激时，往往不会冷静和及时利用理智正确调节自己。相反，遇见一些烦心事，往往会暴跳如雷，出言不逊，将情绪发泄到身边人身上。

青年大学生在中学时期，一般都是在父母和教师的关心和保护下学习生活。进入大学之后，大学生离开父母的监护开始独立学习生活，这种环境改变使得大学生需要独立面对来自学习、人际交往、感情等方面的困难，如果遇到考试不及格、同学关系紧张等情况，对于少数心理抗挫能力较差的大学生来说，可能会灰心丧气，产生悲观、失望、抑郁的情绪，如果不及时加以调整和控制，可能会慢慢演变为心理疾病。

（二）外在因素

除了个体的生理和心理等内在因素外，外界环境也对高职院校大学生的心理健康状态有着较大的影响，主要包括家庭因素、学校因素和社会因素。

（1）家庭因素

"00后"大学生自小受到家庭的宠溺，几乎没有经历过挫折，生活自理能力往往较差。他们进入大学后，远离家人的呵护，遇到一些困难和挫折时很容易产生一系列心理问题。以往研究表明，家庭教养方式、家庭氛围、家庭经济状况等都会不同程度地影响学生的身心健康状况。与来自农村的大学生相比，来自城市的大学生见多识广，拥有更多资源，会给来自农村的大学生带来一定的心理压力，容易引发来自农村的大学生的自卑感。父母期望过高、管教严厉的家庭，会导致孩子缺乏个性，容易产生焦虑、依赖等心理困扰和问题。家庭经济相对贫困的大学生容易出现自卑心理。与独生子女相比，非独生子女无法独享父母完整的爱，更需要考虑他人的想法和感受，很多时候需要综合考虑兄弟姐妹的情况来做决定，因此，非独生子女更容易产生多方面的心理压力和困扰。以往研究也发现，在进入大学后，非独生子女在心理适应上比独生子女表现出更多的心理困扰。

（2）学校因素

学校是大学生学习生活的主要场所。新生进入大学后开始独立自主地学习和生活，学习生活环境和角色都与过去发生较大的变化。面对来自五湖四海，性格、家庭条件等方面存在较大差异的同学，大学生此时在独立生活和人际交往等方面可能会出现紧张和不适应的情况。由于地理位置的缘故，大学生长期在学校学习生活，第一次远离家门，没有了父母的呵护，会让他们产生恋家心理；如果不善于人际交往，课余生活中没有找到兴趣点，就容易形成生活中人际关系紧张、生活单调乏味等诸多烦恼。

此外，与中学学习相比，大学学习更强调学生自主学习，学习方式和学习内容发生了较大的变化，如果不能适应大学学习的方式，学习成绩不理想，或者对就读学校、所学专业不喜欢也不认同，都可能造成大学生感到学习压力沉重，或者对学习失去兴趣和动力、精神世界出现空虚等情况。

（3）社会因素

美国精神分析学家哈内认为，许多心理变态是由环境的不良适应而引起的。

我国社会经济的快速发展，社会结构和人们的生活模式发生较大转变，中西方文化和价值观并存且发生着较大的冲突和碰撞。在这样的社会环境下，大学生面对社会的快速发展和急剧转型及多元文化和价值取向时，不知道该如何面对和取舍，感到矛盾、茫然和困惑，长此以往便容易产生紧张、压抑、空虚的情绪，引发对社会环境的不适应。

大学生进入大学校园以后，开始新的生活。随着改革开放社会的飞快发展，多种西方元素大量涌入国内。大学生年纪尚小，原先的家庭环境以及传统教育突然面临着多种西方新事物的碰撞，面对这么多的选择容易让大学生心里产生紧张、矛盾、无所适从等心理状态，长期如此大学生心理健康就会受到影响。

同时，随着网络已经完全渗透到大学生的学习生活中，这给大学生学习生活带来了便利，但网络上存在的负面价值取向的信息，给大学生的精神世界带来不良影响；还有少数大学生沉溺于网络游戏和虚拟空间，逐渐丧失了现实生活中人际交往的动力，不利于大学生保持健康的心理状态。此外，当前严峻的就业形势也给大学生造成了极大的影响。有些大学生自从进入大学起，就被毕业后如何就业的问题所困扰。

第四节　高职院校大学生常见心理问题的解决途径

一、自学和互学

大学生心理健康教育是理论与实践并重，同时重在实际效果的教育，这种教育要取得预期的效果必须要有深入的全员动员，全体受教育者的主动参与和实践。所以，所有教育教学手段的应用目的，都是使受教育者学习、应用心理健康知识和方法而使其自身获益。另外，其获益的效果也应当是努力使每一个受教育者都能够终身受益，而培养受教育者具有这方面的自学能力，掌握正确的获取心理健康知识和应用方法的自学方式就显得尤为重要。因为，一个人终生可能会遇到形形色色各种各样的人和事，要想使一个人能长久地立于不败之地，保持心理健康，一定不能是遇到问题以后再去学习，而是应当基本掌握维护心理健康的基本方法以后，在以后面对更加复杂的社会、工作、生活时能较好地用这些方法保持自己的心理健康。所以这就像教会一个人防范如何注意安全，不要被大水淹没的同时，最好也教会他游泳和学会水中搏击的本领一样，而学会自学的基本方法和培养基本自学能力，就相当于教会他游泳的基本方法。自学的方法有很多，除了学习心理学的基本知识，阅读心理学基础学科的教材和书籍以外，心理健康的科普读物、杂志的阅读也是常用的方式。另外，遇到相关问题时有针对性地学习心理学、社会学、经济、法律相关知识及心理学应用知识也是自学方式之一，而互学是自学的补充和丰富，有了互学，自学不但能蔚然成风，而且能互相帮助，互帮互学，取长补短，相得益彰。

二、课堂学习

课堂学习对于心理健康教育来讲，不但重要，而且是落实心理健康教育的保障。所以课堂教学应是专业化、正规化、制度化的，是能够使受教育者学习到真正的心理学知识的学校教育，是能够使这些知识学以致用，并在实践中经过检验证明其所学的知识是科学的、正确的。

所以，课堂学习既要系统，知识要扎实、深入，又要深入浅出，在有限的课时中使学生能尽量多地掌握心理健康学的知识，所以，课堂教学、学习，是其他任何方法都不能代替的学习方法。学生在学习中也必须积极、努力。因为其学习的目的和作用，不在于课堂学习的成绩和知识的记忆，更重要的在于其知识的实际应用价值和其终身受益的实际效果。

课堂教育方面要实现心理教育课程化。培育一个健全的人格主要是教育的问题。相应的，社会评价的指标也不能仅仅以学历为参考，还要观察其人格，将心理健康教育划入教育体系的范围。教师要注重培养学生的心理品质，开展与心理健康有关的课程，促使心理健康不断向着系统化、规范化的方面发展，不断提升大学生的心理学必备知识和常识。心理教育课要注意到以下的特点：一是要趣味化，针对学生中存在的问题通过故事、表演等方式进行提出，让学生在轻松的环境下提升自我心理修养能力；二是要行为化，将教育要求及时转变为行为训练的要求，做到言出必行、言行一致。

三、心理测量的应用

心理测量学起源于 19 世纪末 20 世纪初，经典测验理论（Classical Test Theory，CTT）是最早实现数学形式化的心理测量理论。该理论将个体在测量工具上的表现称为观察分数，观察分数既包含测量工具所测特性的真实值，也包含测量中存在的误差。虽然真实值无法直接获得，但可以通过观察分数来间接推出，当重复进行无限多次测量时，观察分数的期望值就会无限接近于我们关注的真实值。CTT 的理论体系较为完整，模型直观形象、易于理解，已被广泛接受和应用。

在心理健康教育过程中，心理测量可以掌握学生的总体心理状态和常见的心理问题，并准确地分析其人格特征。及时消除他们的心理障碍，同时可以提高自我认识，不断挖掘其潜能，指导个体的健康成长发挥重要作用。因此，许多学校将心理测量作为心理健康教育的一个不可缺少的组成部分。

青年学生了解自己的不完美，有时存在自卑感或自卑的倾向，心理测量可以帮助学生理解能力、个性特征、自我优点和缺点、性格、爱好、学习动机等，这有利于学生形成一个全面的科学的自我意识，更好地了解自我、接纳自我和发展自我。教育工作者也可以通过心理测量了解自我心理特征，合理释放压力和不良情绪，培养积极的行为模式，以减少职业倦怠的影响，等等，从而更健康地生活和工作。同时，心理测量为个体的未来发展和职业选择提供了科学依据。这是建立在心理测量上的，可以用来理解个人的能力、个性和心理健康等心理特征，可以预测个体从事工作的适应性，进一步分析可能拥有成就的职业岗位。

心理测量在心理健康教育中的作用还表现在为心理咨询诊断和预防提供了一定的参考。学校需要对学生的心理发展（如个性、情感、智力、学习适应性等）进行分析，建立学生心理档案，及时发现问题，并争取在萌芽期解决，合理引导学生的发展方向，并提供心理指导、咨询或治疗。

在高职院校大学生心理健康教育中，心理测量法是常用方法之一，通过心理测量方法的应用，学校教学管理及研究机构、部门、专业心理学教师可以借此更加客观、准确、科学地掌握相关受教育者的心理健康状况，并根据每个人的具体情况，有针对性地进行工作，因材施教。同时也需要根据测量结果为全体学生建立心理健康档案，便于更好地为学生服务。学生也可以通过学习，掌握心理测量的基本原理和方法，为维护自己的心理健康学会一种心理学的科学方法。

心理测量是心理评估的方法之一，心理评估还包括调查法、晤谈法、观察法等，而心理测验，则是一种对一个人的心理状况进行客观分析和描述的、较为客观的、标准的方法。心理测验的种类很多，到目前为止，据统计已经正式出版的心理测验有 5000 余种，而且，根据心理学家的研究成果转化和新增的心理测验每年还有很多。

心理测验的分类，可以根据不同的分类方法分为不同种类，例如，根据实施测验的方式可以分为个体测验和团体测验；根据测验材料的性质可以分为文字测验和非文字测验，非文字测验又包括图形测验、仪器测验、模型测验、工具测验、实物测验和近年来发展最快的计算机辅助测验；根据测验原理、意义、方式，又可分为有限制测验和无限制测验，常规测验与投射测验等。以下介绍按照测验目的进行的分类。

（1）能力测验

能力测验包括智力测验、心理发展测量、适应行为、特殊能力测验。

（2）人格测验

人格测验主要测量一个人的性格、气质、动机、兴趣、态度、人生观等。

（3）神经生理测量

神经生理测量主要用于评估一个人的神经系统及脑功能状况，多在医学领域应用。

（4）临床评定

临床评定主要是医生对被试者某个方面进行医学临床评估使用。

（5）职业生涯类测量

职业生涯类测量主要用于指导被试者在求职、就业、生涯规划等方面的抉择，如职业兴趣，根据一个人的兴趣爱好类型更适合选择什么职业进行测评。又如，一个人从事社会职业更适合向哪个方向发展？是否适合做管理工作？是属于务实型还是技术型？等等，一般在进行这方面评估时，心理学家也会常常结合智力测验和人格测验的结果进行综合分析，提出相应较为客观的指导建议或意见。

大学生在接受大学生心理健康教育的过程中，可通过心理测量更加客观、准确地认识自己，尤其是自己的气质、能力、性格、智力发展的具体状况，了解自己的心理优势，发展自己的专长，同时也能及时发现自己需要注意克服的不足，加以注意、避免心理健康方面的可能的危害，以利于自己的健康成长和发展。

四、团体心理辅导与朋辈心理辅导

心理辅导是近些年发展起来的，主要是相对于心理咨询和心理治疗而言的，心理咨询或心理治疗一般是针对某一类明显的心理困惑的个别的心理学帮助，而心理辅导则针对一般相对较轻的问题，或仅仅是一般性的某些校园现象，而且团体之间或朋辈之间更加亲密、随意，共同点更多，可谈话题也更容易展开。另外，近些年各高校心理教师发现和创新了更多的团体心理辅导方法，融入了更多的时尚元素，使学生更乐于参加这样的团体活动，而且更乐于在团体中表现自己，而多种艺术形式的引进如朗诵、情景剧、音乐等，使学生在陶冶心身过程中也更容易触及心灵，取得了较好的效果。

团体心理辅导是指在团体心理环境下，由专业心理导师针对有关成员进行心理辅导的科学方式。不同于个性化的辅导，团体心理辅导是在小范围内针对特定群体开展的心理辅导。这样科学且精细化的辅导方式，通过全方位凸显团体成员之间的相互关系，能够更好地增强个体的信任感以及归属感，帮助个体在人际交往中实现自我认知与自我探索，从而逐步改善人际关系及提高社会适应能力，最终达到预防心理疾病和解决各种心理问题的目的。

团体心理辅导一般一次不宜人数太多，以便于人际沟通和交流。一般会根据某些共同特点如年龄、性别、兴趣、爱好等进行组织，在开始后一般由主持者对要探讨的问题进行分析和讲解，或由相关人员来介绍问题的有关方面，也可借助录像、录音、参观等使参加者对问题加深了解和认识。然后主持者组织讨论，借助情境再现、角色扮演等方式来尝试问题的解决办法。主持者根据情况及时给予提示或心理辅导，在进行过程中鼓励参加者发表个人观点和看法，参加者之间也鼓励交流，后期主持者及时把握进展，并及时给予点评和总结。

团体心理辅导可高效地解决带有一定共性的心理问题，参加者的心理压力也较小，形式相对轻松，气氛一般较宽松、融洽，这也利于参加者克服自卑感，孤独感，消除过多的担忧。团体成员之间的交往和相互感染力优势本身就具有改善情绪作用，相互启发、思想交流和碰撞也是很好解决问题的媒介。当然不是每个人都会感到很理想，有很好的收获或效果，另外，有些人的问题也可能更需要个别心理咨询或辅导。不论是心理教师还是学生，对此都应当有较为客观、科学的认识。

国外学者将朋辈心理辅导理解为非专业心理工作者经过选拔、培训和监督向寻求帮助的年龄相当的受助者，提供具有心理咨询功能的人际帮助的过程。团体心理辅导是在团体情境下，借助团体力量以及带领技术，通过团体内的人际互动，促使个体通过观察、学习、体验，认识自我、探索自我、接纳自我，改善与他人的关系，学习新的态度与行为方式，最终达到提高心理素质、促进人格全面健康发展的目的。

朋辈团体心理辅导是指受过专业培训督导的带领者对和自己生活阅历相仿、受教育程度相当、兴趣爱好相似的人群所进行的心理辅导。在高校中，主要是指在学生之间由一到两位朋辈团体辅导员同时对几人到几十个人进行的心理辅导。

高校方面需要综合考虑和统筹协调各影响学生心理健康的因素。第一，加强大学生心理健康教育，举办专题教育活动，如心理讲座、心理沙龙、心理主题班会、心理素质拓展、心理漫画比赛、心理剧比赛等，最好能够做到常态化、普及化，满足大多数学生的心理需求。第二，加强心理健康教育队伍的素质培养，如召开专题探讨会议、专家现身说法、心理健康队伍培训交流会等，进行定期的心理健康知识和技能培训，提高教师队伍整体的心理专业素质。

根据目前各高校开展的情况，这种方式帮助作为求助者的学生解决了相当多的一般性心理问题，如临时发生的情绪困扰，人际关系中的小摩擦、小矛盾引起的不愉快，个人情绪情感的问题等，取得了较好的效果。所以，在此基础上进一步普及心理学知识，加强"朋辈"心理辅导员的培训已成了大家的共识。

第五节　高职院校大学生常见心理问题的调适

一、心理调适概述

心理调适是指用心理技巧改变个体心理活动绝对强度，减低或加强心理力量，改变心理状态性质的过程。

人的心理是一个动态变化的过程，心理调适则是通过运用心理活动的基本规律，从认知、情感、意志、行为、人格等方面，采取直接的、有效的方式对个体进行积极的干预，改善个体所面临的挫折困境，使个体保持在一个健康良好的心理状态。心理调适作为一种可以被学习、被锻炼的手段，它的功能主要有预防、恢复、激励三个方面。

（1）预防功能

心理调适就像每天刷牙可以预防蛀牙一样，它对个体起到了很好的预防保护作用。预防功能的发挥需要个体及时觉察自己的状态，使个体产生"抗体"，形成自我防御体系。稳定的情绪是抵抗病原体侵入的有力屏障，调节好自己的心理状态，保持良好生活习惯，增强体质，提高免疫力，可以预防心理问题的发生，提升生命的承受能力。

（2）恢复功能

心理调适可以帮助个体消除不愉快生活事件的刺激，给自己一个缓冲期，度过艰难的时光，让内心重获平衡，让生活重回正常轨道。恢复功能的发挥需要亲友的支持和陪伴，个体从家庭汲取温暖与力量，可以愈加了解自己、接纳自己，给自己灌注希望，战胜挫折、战胜疾病，重新找到自己的人生奋斗方向。

（3）激励功能

心理调适可以唤醒个体的主体意识，激励个体不断地进行自我完善、自我调节、自我控制，对社会做出贡献。激励功能的发挥需要个体面对真实的自己，发掘自身优良品质，给自己设定长远目标，并经常性地进行回顾总结，让目标更清晰、更细致，让生活更丰富、更健康，做一个正能量的人。

二、心理调适建议

（一）高校方面

①全员育人，激发学生积极应对问题的潜能。新生入校后，将积极心理健康教育工作融入新生的工作中，以关心学生需求、关注学生健康成长为出发点，提高服务质量，开展积极理念的思想引领活动。

②开展精品活动，增强学生感知幸福的能力。高校要广泛开展丰富多彩的心理健康教育活动，并要与时俱进，不断改革创新，创设精品，确保活动的实效性和发展性，满足变化中的学生心理需求。

③加强组织建设，提高学生自助与互助的主观能动性。首先，加强心理健康教育网络中的学生组织建设，选拔身心健康、热情开朗、乐于助人的班级心理健康委员和宿舍心理健康信息员加入网络建设中，然后由专业的、专兼职心理辅导教师开展各种形式的培训。其次，组建大学生心理健康协会或社团。鼓励学生团体独自开展活动。在开展各项活动的过程中，由他们自己发现和提出问题，设计主题，独立解决问题，更有利于提高心理健康教育的针对性和实效性。

④积极防控，促进学生正向发展。为学生建立心理健康档案，进行面对面的筛查，及时发现大学生中存在的心理健康问题，采用有的放矢的积极干预措施，开展团体心理辅导活动，安排乐于助人、情商较高的学生参与其中，促进学生正向发展。

⑤运用多种心理辅导方法，激发学生正能量。首先，高校心理辅导员要树立积极的人性观和心理健康观等，在探寻产生问题的根本原因的基础上，引导学生从问题本身去获得积极的体验，发展和积累成功经验，激发正能量，提高自信心。其次，灵活运用多种积极的心理辅导方法，如采用"合理情绪疗法"，改变认知模式，用合理信念取代不合理信念，并强化积极信念的形成。

⑥凝聚学校、家庭、社会的合力，构建积极组织系统。虽然学校在大学生心理健康教育中起到主导作用，但家庭是影响大学生心理发展的重要因素，也是引起学生心理问题的主要根源地。而社会从物质因素、文化环境或主流价值观等方面全方位影响着学生的成长。因此，对于大学新生尤其要重视"学校—家庭—社会"互动网络建设，共同打造积极的育人环境。

首先，学校教育与家庭教育要密切配合，保持高度的一致性，学校通过分发或邮寄相关心理健康教育资料和网站建设，宣传、普及积极心理学知识和理念，引导和帮助家长树立正确的教育观，形成良好的民主性家庭教育氛围，充分了解孩子，尊重孩子，提升孩子的主观幸福感，积极引导孩子的健康发展。其次，社会各界包括教育行政部门、社会、大众媒体等都要高度重视大学生的心理健康教育，充分体现积极心理学理念下的人文关怀和科学精神，更多地从智慧、勇气、仁爱、公正、节制、卓越等积极层面去激发他们的青春活力和正能量，培养他们感恩社会、奉献社会的精神，鼓励他们积极适应社会环境。

（二）大学生自身方面

（1）加强政治理论和专业知识的学习

首先，高职院校大学生要树立知识就是力量的信念，拿出不断前进的积极态度，从"要我学"转变至"我要学"，从"学会"转变至"会学"；其次，高职院校大学生应该做到学以致用，学有所用，避免"仓库式"的学习；再次，大学生要了解创新在学习中的重要性。创新性是知识经济的本质属性，创新人才是创新发展的关键；最后，大学生应该树立"终身学习"理念。

（2）明确方向，树立合理的短期目标

在日常生活学习中，高职院校大学生要不断为自己树立可行的短期目标，然后努力去实现，培养自信心。合理的短期目标可以为进步提供新的起点，随着短期目标的不断实现，循序渐进，攀上人生高峰。如要求自己两周准备一个竞赛或一个演讲；作为班干部，一个月内精心准备一次读书活动；一学期考过英语四级，等等。一次小小的成功会激励下一次更大的进步，一个短期目标实现时获得的成就感，使人做事更有信心，信心可以激发创造力，从而使工作更有效率。成功的经历对于维持心理健康非常重要。

（3）学会管理和调整情绪

培养乐观主义精神。积极乐观的精神能促使人保持良好的情绪状态，从而轻松、从容地应对生活。

（4）合理宣泄不良情绪

利用或创造某种条件，以合理的方式把压抑的情绪倾诉和表达出来，以减轻或消除心理压力，稳定情绪。宣泄是一种释放，宣泄的过程也是人们进行心理自我调整的过程。宣泄是治愈心理问题最重要的环节，良好的宣泄能使心理困扰好一半，大学生可以采取倾诉、书写、运动、哭泣或喊叫等方式进行合理宣泄。

（5）运用积极的心理防御机制

心理防御机制是指个体面临挫折或冲突的紧张情境时，在其内部心理活动中具有的自觉或不自觉的解脱烦恼、减轻内心不安，以恢复心理平衡与稳定的一种适应性倾向。常用的心理防御机制包括积极的和消极的两类。积极的心理防御机制可使大学生心理挫折得到一定缓冲的同时，还可能表现出自信、愉快、进取的倾向，从而有助于大学生战胜挫折；消极的心理防御机制只能暂时稳定情绪，不能从根本上解决大学生的心理困惑，只能暂时使用，不能长期依赖。

第六节　高职院校大学生常见心理问题的案例

一、学习的问题

（一）案例

晨晨，18岁，原本是一位优秀生，在高中时勤奋努力，并立志考某重点大学。功夫不负有心人，他在不懈努力下，如愿以偿地考上了自己渴望进入的大学。

晨晨是位积极上进的学生，在刚进大学时，他积极参加各种社团，做了班干部，同时又做了学生会主要干部。风风火火的学生会干部生活让他忙碌了一学期，可是到期末考试时，他突然觉得自己没有了目标和方向，前期的时间都用于做学生干部的工作，而后期复习时间较短，他很担心自己会补考。果然，晨晨三门课需补考。为此，他感到心灰意冷，压力倍增，在难以调控自身情绪的状态之下，他每日以电脑游戏为伴，消极堕落……

（二）分析

案例中的晨晨在大学环境中，因为难以协调好做学生干部与搞好学习之间的关系，导致大一补考三门课程，因此惶然不知所措，进而缺乏学习的目标，上课不能认真听讲，下课不能及时复习，用打游戏来消磨自己的时间。这种迷茫的心态，不利于大学的学习。那么，大学生迷茫包括哪些因素呢？

首先，对大学教育迷茫。进校后感觉大学并不像想象中那么美好，逐渐失去了对大学的热情，学习缺乏动力。有学生表示，没上大学之前，大学是我们的梦想，上了大学之后，却感到非常无聊，长期处于迷茫之中，不知为什么要读大学。

一些大学生对大学教育产生怀疑，有些甚至产生厌学情绪，普遍感到课程多、压力大、学无所用。

其次，对社会道德迷茫。有些学生身处"象牙塔"，但是，对教育公平问题、贫富差距问题、物价问题、腐败问题、环境问题、食品安全问题等较为迷惑，最为迷茫的是当今社会道德滑坡的问题。部分学生对社会道德不重视，从而酿成一个又一个的悲剧。

再次，对爱情迷茫。一些大学生感到很孤独，非常渴望爱情，却不能很好地处理感情，或坠入情网不能自拔，影响学习，或因单相思导致情绪压抑，或失恋后痛苦不堪。有学生谈到，自己一直很苦恼、纠结。例如，喜欢一位女孩子很久了，一直处于暗恋的状态，但对方有男朋友，自己很想放手，却放不开，每天在大脑中都闪现她的影子。因此，他们常常以"我夹在感情与未来的十字路口"的感慨来描述自己的状态。

最后，对未来迷茫。信仰的缺失，就业的压力，沉重的学习负担，使很多学生对未来的生活充满困惑，常常表现为理想缺失，没有目标，不知道自己想干什么，对活动没有激情，缺乏兴趣，或找不到努力的方向。时光渐渐流逝，总觉得来到世上，要做有意义的事情，而有意义的事情是什么呢？他们对未来一片茫然。

是什么原因导致大学生缺乏目标而迷茫呢？

（1）大学定位模糊，大学生缺乏对目标的正确认识

部分大学办学层次参差不齐，存在定位模糊的问题，使学生不能真正理解大学的内涵，从而导致一些大学生缺乏正确的学习目标。随着高校的不断扩招，有人说，大学究竟是神圣的知识殿堂，还是一个谁都可以推着大板车进去，随地叫卖文凭的菜市场？大学精神的本质特征，被概括为创造精神、批判精神和社会关怀精神，但这三种精神正是现在一些大学所欠缺的。大学精神的缺失，导致培养模式的僵化，以高考为尺子衡量人才，学生为高考而奋力拼搏，成为单向发展的人。

（2）年级差异

18～24岁是一个人的世界观、人生观、价值观开始成型的时期，这时的大学生自我意识的发展要经历一个明显的分化、矛盾、统一、转化和稳定的过程。一些大一学生，告别寒窗苦读，满心欢喜进入大学，然而发现与自己的理想生活有一定差距，开始陷入迷茫、后悔、不知所措的境地，于是男生忙着打游戏、翘课、谈恋爱，女生忙着逛街、打扮、逛淘宝、应付男友，而荒废了学业。一些大二学生，身边同学纷纷开始找兼职，于是盲目跟风，逃课兼职，荒废学业，这时期的大学

生通过兼职体会到生活的艰辛，可又不知道自己未来的方向，走一步看一步。一些大三学生，学习之余忙着找实习单位，遭遇各种挫折后，感觉到茫然不知所措；还有的学生在准备考研，又往往受到周遭同学实习气氛的影响，三心二意，顾此失彼，最后两头落空。一些大四学生，面对就业压力，找工作经常碰壁，受老板刁难，沮丧绝望，愁容满面。

（3）专业学习困惑

部分学生在填报志愿时，自己并没有明确的志向，而是听从家长和教师的意见填报，或者盲目跟风。一些父母让孩子选择热门专业，认为社会上流行的专业就是好专业，能对子女未来就业有所帮助。但进入大学后，这些学生逐渐发现热门专业并不一定适合自己；同时，一些学生由于接受调剂等原因，进入了自己无意填报的专业。对此，新生不能静下心来了解、熟悉、认识自己所学的专业，因对专业不感兴趣而缺少学习动力。若不能转专业，便以郁闷、颓废的心态消磨时间，不思进取。

（4）学习态度不良

大学的管理模式与高中相比，变化幅度较大。管理相对宽松，课余时间相对增多，一些学生不懂得如何有效地支配课余时间。如果自己没有主动学习的意识，就很容易陷入"没事情"或"不知道该干什么"的无所适从的困境，产生"大学学习太无聊"的错误认知，并放松对自己的严格要求，失去了高中时期主动学习的干劲。

（三）建议

1. 个人方面

大学期间的主要任务仍然是学习，很多大一新生以为进了大学就可以高枕无忧了，其实不然，在大学里面临的竞争更加激烈，而且学习成绩也是以后参加工作的门卡。取得了"贵宾卡"，自然有更多的机会得到好的工作，企业要的不是你的毕业证，而是你解决问题的能力。但是，如果你连课程都学不好，那你又能有多少能力？即使成绩及格了，那你的能力也及格了吗？

当然，能力的培养也是相当重要的。多参加学生社团活动、社会兼职工作，或者到公司实习等都是很好锻炼自己的途径，大学仍然是学知识的地方，所不同的是知识构架比起中学复杂了很多，不仅仅局限于书本，还涉及了专业知识、社会知识等。所以大学生学习成绩和能力锻炼同等重要，缺一样都不能成为一个社会需要的"人才"。

（1）抓住目标

在学习过程中，不同的人往往呈现不同的学习状态。有的人本身不喜欢学习，有的人不知学习的作用，有的人觉得学习无用，甚至对学习不感兴趣。然而，对于想有所作为的大学生来说，具备一定的目标抉择是必需的。所谓目标抉择，即在职业生涯路线上，确定自己的目标。例如，在什么阶段，实现什么目标，达到怎样的效果，需有条理地规划。目标的确立要具有科学性，需要根据主客观条件来设立。每个人的条件不同，目标不尽相同，但确定目标的方法是相同的。

大学生还应将提高品德素质作为大学阶段的重要目标。一要树立明确的理想，并将之作为大学学习目标中的一项极其重要的内容；二要培养艰苦奋斗的作风和服务人民的奉献精神，树立全心全意为人民服务的思想观念与事业心；三要努力践行道德理想，具有良好的群体意识、社会责任心及是非观念；四要提高基础文明素养，学会尊重人，以礼待人；五要遵纪守法，遵守公共秩序，维护集体利益。大学生不但要学会做事，更要学会做人，目标明确，不断学习，努力实践，刻苦修炼。

（2）找对学习方法

在学习生活中，每个人都有迷茫的时候，但我们要在最短时间内找到解决对策，克服迷茫的心理，明确自己的目标。知道自己能做什么，会做什么，要怎么做才能做好。好的学习方法是提高学习效率、达到学习目的的手段。钱伟长说，一个青年人不但要用功学习，而且要有科学的学习方法。要勤思考，多思考，逐渐培养自学能力。有效的学习方法，往往能收到事半功倍的成效。在大学学习中，需把握预习、听课、复习、总结、记笔记、做作业、考试等重要环节，为获取知识打下良好的基础。

（3）树立终身学习理念

有关调查表明，多数刚进校的大学生对自己的发展规划并不明确，不能运用有关理论规划未来的工作与人生，这种情况严重影响学生的学习积极性和准确定位，甚至影响将来的生活和对社会的适应性。学习是一个长期的过程，大学生不仅在大学中要认真学习，同时也要具备"活到老，学到老"的学习理念。在大学中，大学生需培养解决问题的能力、团队合作的精神，加强人际沟通与提高自我认识，在有计划的学习生活中发展自身的潜质。

（4）抓住关键阶段

大学是人生的关键阶段，是放下高考重担，开始追逐自己的理想的阶段；是大学生离开家庭、独立参与团体和社会生活的阶段；也是大学生不再单纯学习或背诵书本知识，在见习或实习中将理论知识与实践相统一的阶段。与此同时，大学生不再由父母安排一切，他们有足够的时间处理生活和学习中遇到的各种困惑。大学生能在大学阶段系统性地接受教育，全身心地夯实知识基础，充实自我成长历程。大学为大学生创造了相对宽松的环境，让他们在学习为人处事之道中找到理想的状态。

2. 高校方面

（1）树立正确学习观，增强专业知识的吸引力

大学生学习观是高校学生在学习态度、学习目标、学习动机、学校效果、学习规范上形成的一种较为稳定的认知性观念。正确的学习观是大学生学习的内在动力，是今后就业的基础保障。而大学阶段是大学生成长成才的关键，专业学习是大学时期的核心内容。专业适应性不仅对大学生学好专业，取得学习成就有着关键作用，更对大学生未来职业发展有着重大影响。利用好大学里丰富的学习资源和各种学习平台，及时为大学生充电，让他们掌握更多的专业知识和技能，为今后步入社会打下坚实理论功底。学校要注重对学生所学专业的兴趣培养，通过技能大比拼、学科竞赛、专业实习、朋辈引导等方式，使学生对所学专业的概况、特点、学习内容、发展前景、就业方向等加深了解，引导其产生兴趣，增强对学好专业知识重要性的认识，使他们明确学习目标，养成良好习惯，珍惜学习机会，勤奋刻苦，积极向上。

（2）加强教学管理，增强课堂学习兴趣

众所周知，学习并非简单的、被动的接受过程，而是教师、学生及其他学习伙伴进行对话、交流、互动、协商的过程，互动式教学效果远比单纯知识传授更有效。学校应抓好教师课堂教学，改变以往传统被动灌输式教学方法，将现代科技、网络知识运用到教学中，贴合学生实际，通过实验、实习等多样的教学手段，将枯燥的课本知识转变成生动有趣的现实内容，增强文化知识的吸引力。同时，注重调动学生的主观能动性，增加课堂互动、讨论环节，以学生主动参与和体验为主，实现从被动学习到主动学习的转变。注重抓好教师队伍建设，强化教师责任，加强对任课教师教学督导，对备课、课堂考勤、作业检查、专业实习等过程严格管理，积极营造参与式、探究式情境教学氛围，以优质的教学成果吸引学生，增强学生的学习内生动力。

（3）采取一定措施，督促大学生学习

大学里面有基础课和专业课，教师的水平可能也会有高低，但教师的知识水平肯定是高于学生的，课程讲得不好不能成为不听讲的理由。部分大学生对学习

根本不感兴趣，不管老师讲得好与不好，在课堂上都听不进课，有时并不是教师讲得不好，而是学生本身排斥听课，受手机诱惑，不想听。所以，应加大管理力度，创造良好的学习环境，抵抗外界的干扰，禁止大学生在课堂上使用手机，使学生静下心来听课。例如：一些学校出台了一些强制性政策，上课时不允许带手机，或上课前把手机全部交到教师处；有些学校上课刷脸点到或是指纹点到；有的学校严查宿舍，要求所有学生上课期间不允许在宿舍滞留。这样强制学生按时到教室上课，学生在课堂上一旦听进课后，觉得教师讲得还不错，慢慢就会进入状态，认真听教师讲课。

二、自我认知的问题

（一）案例

小玲，女，大学一年级学生，因家庭贫困，从小生活很节俭，学习成绩一直名列前茅，是老师、同学们夸奖的对象。进入大学后，她看见周边的同学能歌善舞，穿着时髦靓丽，而自己什么也不会，感到很惭愧。再加上总感觉自己在身高、体形上也不如同学，经常自惭形秽，不愿意与他人交往。她本想通过自己努力学习，在学习上赶超别人，用优异的成绩来找回自我，但一个学期下来，考试成绩也并不如她所愿。第二学期开始后，她老觉得自己不如别人，在同学面前抬不起头。她上课时注意力难以集中，也不爱参加集体活动，经常独来独往，整天愁眉苦脸，逐渐对大学生活失去了兴趣，自暴自弃。

（二）分析

自我认知，指的是对自己的洞察和理解，包括自我观察与自我评价。

引起大学生对自我认识降低的原因有以下几方面。

（1）生理方面，性格方面

一个人的身材、相貌、肤色、体重等，都可能导致自卑心理的产生，那些拥有先天缺陷的人，存在自卑的现象更加普遍。若大学生不能客观实际地认识自己，体相障碍也会影响他们对生活的态度。

有自卑心理的学生，性格比较内向，自尊心较强，自信心不够，容易因一时的失败而灰心丧气，甚至自暴自弃。因此，学会主动、积极地与人沟通交流，是扫除自卑心理的有效方式。

（2）缺乏正确的自我评价

在大学生活中，关于学习、参加活动、男女朋友之间的感情、就业等各方面的事情会一直伴随着大学生，当由于外界因素遇到挫折，遭遇不顺时，一些大学生总会对自己做出负面的主观自我评价。

（3）人际适应不良

大学和初中、高中不一样，学生面对的各种问题压力也随着变化，有些学生自觉性较差，在没读大学前的学习都是需要老师监督家长严管的，或者是只有在老师或是父母的帮助下才能够做好，一旦脱离了老师和父母，就任意放纵自己，有的甚至颓废，这样的学生内心比较脆弱，在生活上缺乏经验，在和同学们之间的沟通交流上也会遇到一定的障碍，这样也比较容易引起心理问题。另外一些内向的学生，缺乏和他人交流，做事总爱特立独行，没有朋友，遇到心理问题或困难时没有人倾诉，这也是心理疾病的一个成因。

（4）早期创伤的影响

在孩子成长早期，父母、教师等成年人对孩子的评价往往会对孩子产生较大的影响。特别是成年人贬抑性的评价，都可能严重挫伤孩子的自尊心，使他们产生自卑感。因此，长期在否定中成长的孩子会在习得中贬低自己，从而缺乏正确的自我评价。

（5）生活环境方面

有的大学生因家庭经济条件差，觉得自己不如别人；有的大学生因父母职业问题（比如说工人、农民或小商贩等）感到自卑；有的学生则因成绩不理想，受到别人歧视而不能自拔，他们将外界的原因归结为自己人生的不幸。

（6）个人能力方面

大学是一个锻炼自己快速成长的地方。大学生有的擅长表演，有的擅长体育，有的擅长演讲，等等，这些有特长的学生往往比较受同学欢迎。而那些既没有业余爱好也没有其他特长的学生，就较容易产生消极的心理，往往对自己也会做出一些较负面的评价，因此更容易造成自卑心理。

（7）消极心理暗示

某些大学生未能全面认识自己，对自我评价不客观。他们不相信自己的能力，对自己缺乏激励，造成失败的结果，反过来又验证了自我认识与期望，进一步强化了自卑。同时，凡事总是从消极悲观的方面考虑，喜欢拿自己的短处与他人的长处比，总觉得"我可能不行""我天生不是那块料"等，使自己的自信心逐渐丧失。

（8）受挫折能力差

心理素质的好坏很大程度上由受挫能力决定。自卑心理，并不是与生俱来的。

人的心理素质的好坏，多数是后天因素导致的。心理素质好的人内心较强大，外界环境的变化刺激很难对其形成干扰。而心理素质差的人恰巧相反，有些大学生，自小娇生惯养，没有经历过太多挫折，上大学后，没有了父母的帮助，在学习和生活达不到自己的理想状态，一旦遇到失败，就很难走出。

（三）建议

1. 个人方面

努力地提升自我，即勇于挑战自我、超越自我，进行自我研究，修正"现实自我"，缩短"现实自我"与"理想自我"的差距。

（1）理想的自我

每个人每天都在为改变自己而努力。可用以下方法来提升自我：想象理想的自我，或者是"可能的自我"，包括想要的和害怕的自我。这个理想的自我应该与现实自我具有恰当的距离，同时，要尽可能清晰明了。它会帮助你实现目标，还会给你积极的暗示，告诉自己可以创造新的自我形象。

（2）重塑自我形象

有时，人的心理问题由身体问题引发。有时，一些心理状态明明是身体故障发出的信号，可是，人凭着意志力硬生生地把病痛和感觉压抑住。久而久之，人坚定了意志力，但"病"蔓延了。个人的意见是，修行要在自己身心健康的时候修行。重塑自我的形象，懂得让自我在批评中学习，学会对自我的鉴定，提升自我才能乐于欣赏他人。

2. 高校方面

综合利用第一课堂和第二课堂，引导大学生提升自我认知。高校要将提升自我认知的教育引导纳入相关课程，如大学生心理健康教育、大学生生涯规划、大学生就业指导等课程中，并将自我认知作为养成积极心理品质和正确规划学生生涯的重要组成部分。以生涯规划课程为例，客观正确的自我认知是合理职业生涯定位的基础，人只有了解了自己喜欢做什么、适合做什么、能做什么，才能进行准确的职业选择，入职匹配的岗位，更容易让人在工作中获得幸福感、满足感和成就感，职业稳定性也相对较高。因此，将自我认知部分纳入生涯规划的内容体系，让大学生在进行职业探索和职业规划之前先进行自我认知，对于大学生准确规划职业发展路径大有裨益。

三、大学生的成长问题

（一）案例

小钟，某专业大一的学生，出生于一个交通较为便利的小镇。他个头不高，体型偏胖，从小性格内向、不善言辞。考入大学之后，他发誓一定要引起老师们的关注，给自己创造不一样的人生。进大学后，他非常想做班干部，军训期间，老师暂时让他管理了一下班上的事务。军训结束后，班主任组织学生进行班干部投票选举。可是，他仅仅只得了 15 票，落选的他心情抑郁。

当班主任组织评选奖助学金时，小钟固执地说，奖助学金非我莫属，我家很贫困。但是，老师仔细盘查其家庭情况时，发现他家庭经济状况实际上较为富裕。从小钟的表现看，他是"心理贫困"，而不是"经济贫困"。借助心理咨询师的帮助，班主任给小钟一个做辅导员助理的机会，从此，他不再固执任性，不再坚持参评奖助学金。他在老师的带领下，游刃有余地完成了许多学生工作。一个不合群的孩子逐渐改变了前期对事物存在的偏见，他认真学习，人际关系良好，与室友打成一片。

（二）分析

大学生是发展中的人，在老师的帮助下，大学生还可以是不断进步的人。有些大学生不是家庭贫困，而是"心理贫困"。面对心理贫困的学生，教师要给予更多的关爱，"浇花要浇根，育人要育心"。大学教育与中学教育有区别，大学教育不仅要教育学生学好书本知识，还要让学生学会面对社会。在大学中，鼓励学生学会管理、懂得管理，是对学生组织能力、协调能力的锻炼。作为大学一线管理教师，可尝试借鉴大学生轮流做班干部的方法，培养其自信心和责任感，提高他们组织管理的能力，锻炼其沟通技巧，以培养其良好的协调能力，为学生在未来就业考试中，增加一些报名考试的机会（一些岗位报考有限制，只有做过班干部才有报名资格），为他们今后步入社会打下良好基础。

面对大学的学习生活，大学生会出现哪些方面的不适应呢？

（1）生活、学习适应困难

因生活和学习适应困难而产生焦虑，这是大学生中比较常见的现象。一方面，大学生远离家乡和亲朋好友，异地求学读书，失去了父母亲友的呵护和疼爱，原来的依赖心理受到强烈的冲击；另一方面，大学生还面临着对当地文化适应的问题。在学习内容方面，教师课堂上讲得不多，需自己课下自学的内容较多；在时间支配上，学校除了一天安排的几节课，其余时间由大学生支配，而在中学一直习惯于被教师安排的大学生，不会支配自己的时间；在学习方法上，一些大学生习惯于被动的学习方式，从而导致心理焦虑，并伴随各种紧张症状。

（2）人际关系失调

人际关系失调是大学生心理焦虑的一个重要原因。在心理学上，人际关系是指人与人相互交往中，彼此影响而形成的一种关系。人际关系反映了交往双方寻求满足其社会需要的心理状态。

自媒体时代下，一些"00后"大学生以个人微博或微信朋友圈代替了日记，以网络语言代替了部分传统语言。自媒体平台的虚拟性和开放性，让诸多"00后"大学生沉溺其中无法自拔，自媒体工具逐渐稀释了原本朴素的语言、慢节奏的生活以及充满意义的思考，甚至会影响"00后"大学生正确的价值观。过度依赖自媒体平台导致他们回避现实，造成了现实交往能力退化，出现人际交往障碍等问题。

（三）建议

1. 个人方面

刚进校的大学生，其生存能力、适应能力需要加强，因此，在大学中，要学会做好以下六个方面。

（1）关注进校的重要阶段

大一年级上学期是由高中步入大学的关键期。良好的行为与习惯可促进大学生的发展，若大学生在刚进校时未能适应大学生活及掌握学习规律，容易导致考试不及格而补考。同时，前期的补考经历，也会对后期评先进、选优秀造成不利影响。

（2）与师者的重要沟通

大学生重视自己在教师心目中的印象。经常与教师沟通，有利于在人生导师的引领下获得正确的奋斗目标。

（3）整理内务

有些大学生在家有勤劳的父母帮助整理内务，但离开父母后住校，宿舍中便乱成一团，这一点在男生身上尤为突出。整理内务，不仅仅指叠被子，还包括书桌、衣柜，甚至整个房间的清扫整理，以及换洗衣服叠整齐等。千万别觉得这是女孩子该做的事情，养成整洁有序的习惯，无论到什么时候，对自己来说有百利而无一害。

（4）重视人际关系的发展

在人际沟通过程中，记住对方的名字，让对方意识到他们已经赢得了你的尊重。优雅地说话，说话适当，礼貌用语，并积极地展现自己的开朗和乐观的一面，其他人将更愿意与自己一起出去玩。

（5）社交礼仪

进入大学，应参加各种社会活动，实践社交礼仪，比如酒会、舞会、演讲比赛等。其在活动中表现的一言一行，无形中锻炼了人际交往的能力，为未来真正走上社会奠定基础。

（6）合理理财

第一次带较多财物离家奔赴大学，许多学生在消费上较为冲动。该怎么合理消费、有计划地消费，是大学生重点关注的话题。我们需要对自己的财物统筹安排，合理理财，即便遇到喜欢但较贵的商品也需理性对待。这一系列的问题，值得大学生合理规划、做出调整、宏观把控，以免出现因盲目消费而导致入不敷出的局面。

2. 高校方面

首先，在校园文化建设方面予以高度重视，确保良好社会心理环境得以有效创造。作为隐性课程的校园文化，一直以来都以潜移默化的形式对大学生的身心发展进行影响，对于大学阶段的校园学习和生活环境来说，温馨、活力、希望等应该是其具备的特征，其应该保障学生学习和成长等方面需求得以充分满足，并且更应该对学生各种能力协调发展予以重视，对每一个学生的多方面建议等给予尊重和认真对待，为学生愉悦学习和健康成长营造良好环境，所以在大学生心理健康教育开展中必不可少的环节之一就是构建良好校园文化，如校园文化建设可以从绿植环境、人文环境等方面为出发点。

其次，对学生生涯规划进程加以重视，在学生生涯发展目标方面进行明确。大学阶段的一些学生，往往不能清晰明确自身所读专业的未来发展，此时就需要学校对生涯规划和选课辅导等积极开展，尤其是对于大一新生辅导员来说，其应该在大学生刚步入大学阶段学习时对新生座谈以及班会等加以利用，之后由高年级学长对自身学习生涯规划过程进行介绍讲解，为新生后续的生涯规划提供参考，在学生明确自身生涯规划并设计具体目标的情况下，才能为学生的安心学习提供更好指引，减少学生们的顾虑，为心理健康打下基础。

最后，提供更加人性化的心理教育和心理咨询服务。大学生入学时候的心理健康教育要落实到位，不能流于形式，而且举办方式应该丰富多彩。即使在入学后，要定期举办形式多种多样的大学生心理健康讲座，将心理健康讲座制度化，形成优良的传统，不因学校工作重点和领导人的注意力的转移而有所改变。学校要提高优秀的心理咨询服务，当前青年学生出现的问题，大多属心理范畴，采用简单的说教和靠行政手段来解决这些问题是不可能得到良好的效果的，通过心理咨询教育形势可以起到事半功倍的作用。学校可以建立固定的心理咨询服务室，如果条件允许，也可以在每个宿舍楼都建立心理咨询服务室，或者在几个相邻的宿舍楼之间建立一个心理咨询服务室，这样做的主要目的是可以更加方便地为学生提供心理咨询服务。在心理咨询的过程当中，各级辅导员、心理咨询师和班干部都要行动起来，为学生的心理咨询提供服务。面向全校学生，通过团体心理咨询、电话咨询、网络咨询等形式的心理辅导和咨询活动，宣传、普及心理健康知识，排除大学生成长过程中的各种心理困扰，恢复心理平衡，更好地发挥个人潜能。各高校应积极创造条件，开展大学生心理健康测评，尽早建立心理档案，形成心理问题筛查、干预、跟踪、控制一体化的工作机制，及时发现和调解学生的心理问题，对个别严重者应及时采取心理干预措施，做到防患于未然。

四、创伤性心理问题

（一）案例

娜娜上高中一年级时，母亲因患肝癌不治身亡，这给娜娜的内心留下了伤痛的记忆。可是，厄运似乎与娜娜的人生有着必然的联系，当她上大学一年级时，得知已出嫁的 39 岁姐姐也患上了肝癌。姐姐婆家东挪西借已花费 60 万余元，但姐姐病情未见好转，这让娜娜再一次经受了严重的心理打击。娜娜家庭经济条件较差，母亲过世，姐姐出嫁后，家中剩下辛劳的爸爸和两个正在上高中的弟弟，仅靠爸爸一人挣钱养家。沉重的家庭负担与精神压力落在娜娜的肩上。这一切让这位 20 来岁的女孩失去了同龄人的欢乐，同学们经常说娜娜是 20 岁的人，40 岁的心。如今娜娜已是一名大四的学生，她常常参加勤工俭学，希望借此为家庭减轻经济负担。但性格内向的她，不善于和别人沟通。娜娜的哀伤，一言难尽……

（二）分析

在心理学层面，广义的哀伤指因丧失而引发的哀伤情绪体验。狭义的哀伤指人在失去所爱或所依附的对象（主要指亲人）时所面临的境况，这种境况既是一种状态，也是一个过程。当人们哀伤时，会表现出以下特点：在情绪方面，他们心情忧郁，对周围事物漠不关心；在行动方面，他们自暴自弃，把自己封闭在狭小的生活空间；在人际关系方面，他们不轻易对他人敞开心扉；在处理事务方面，他们做事不主动，不积极。

地震、空难、火车出轨、山体滑坡、车祸、疾病等意外事件发生后，会带给当事人哀伤的情绪。哀伤既是人们心情的一种表达方式，也是让别人接受自己内心深处最真实反应的一种讯号，它可以使人对周围事物失去信心，让自己所生活的世界变得一团糟糕。生离死别是人生最大的创痛，面对深刻的哀伤和分离，常表现为如下认知：一是重要的他人走了，世界显得更可贵，更让人珍惜，这种认知较为积极，会带来前所未有的坚强的生命力，使生活更具有积极意义；二是重要的他人走了，一切美好都随之而去，世界已经没有什么意义，这种认知给人带来的影响为生命在重要的他人走后，似乎就停滞了。很多无法走出悲伤的人，都是在第二种认知下，沉沦在痛楚、自罪、灰暗中而无法自拔。

从心理学角度出发，哀伤的表现有哪些呢？

（1）幻想

幻想，指一个人遇到挫折时，企图以自己想象的虚幻情景来应对挫折。通过幻想人们可以暂时脱离现实，在自己想象的情境中满足一些自己的需要和欲望，使人产生一种暂时的愉快和满足的感觉。

（2）冷漠

冷漠，指个体遭受挫折后所展现出来的对于挫折情境漠不关心与无动于衷的情绪反应。这种现象表面上显得冷淡退让，内心深处则往往隐藏着很深的痛苦，是一种受压抑的情绪反应。

（3）逃避

逃避，是个体不敢面对自己所预感的挫折情境，而逃避到自认为比较安全的环境中去的行为。

（4）焦虑

焦虑是一种情绪反应，通常与现实刺激有关，其中含有着急、挂念、忧愁、紧张、恐慌、不安等成分。但有人并无客观原因而长期处于焦虑状态，其焦虑并非实际威胁引起的，其紧张程度与现实情况很不相符，常无缘无故害怕大祸临头，担心患有不可救药的严重疾病，以致出现坐卧不宁、惶惶不安等症状。这种异常焦虑属精神病的一种表现，被称为"焦虑症"。

（5）轻生

轻生，指个体难以承受突如其来的沉重的挫折和打击时，将自己的身体作为迁怒的对象，采取自残或自杀的行为。这是一种后果极其严重的表现类型。如果一个人忍耐力不强，便沉溺于负面情绪中不能自拔。一些因哀伤事件引发的不良心理特征，会让大学生在生活中迷失自己的方向，甚至会产生可怕的轻生念想。

（6）退化

退化又叫倒退，指个体在遭受挫折后倒退回不成熟的阶段，表现出与其年龄不相称的幼稚行为。一些人遇到挫折之后，丧失自控能力，常做出非理智的表现。如和他人大打出手、上学迟到、装病在床、容易轻信别人、缺乏判断力、丧失独立性等。

（7）抑郁

抑郁，即心境低落，产生显著而持久的情感低落，情绪悲观。轻者表现为闷闷不乐、无愉快感、兴趣减退，重者则悲观绝望、痛不欲生、度日如年、生不如死。典型抑郁患者的心境有晨重夜轻的节律变化。在心境低落的基础上，患者会出现自我评价降低，产生无助感和无价值感，常伴有自责自罪，严重者出现罪恶妄想和疑病妄想，部分患者可出现幻觉。

哀伤的原因分析有哪些呢？

（1）不可控的自然环境因素

导致哀伤的自然因素，指个人不能预料和控制的天灾人祸、意外事件等，如地震、洪水、交通事故、疾病、死亡等。案例中的娜娜就是遭遇亲人死亡而无法自拔。

（2）社会环境因素

构成哀伤的社会环境因素，是指个人在社会生活中受到的各种人为因素的限制与阻碍，包括政治、法律、道德、风俗习惯等方面。如在政治斗争中，导致其他的家庭成员成为政治斗争的牺牲品。

（3）家庭结构不完整或关爱缺失

长期生活在单亲、父母双亡的破裂家庭中或父母在外打工的生活环境中的大学生，他们因长期得不到关爱，觉得自己是被社会抛弃的人。当看到别人沐浴在爱河时，触景生情，感到很忧伤。对于青春期的大学生来说，倘若和异性分手，未能及时调整自身的情绪，也容易导致哀伤的情绪发生，在爱的缺失中自暴自弃。

（4）性格内向，语言障碍，不善于交流

有些大学生先天性格内向，在公共场合不善于表达自身的情感，如果得不到家长及教师的关爱，不及时采取有效的解决方法进行调解，那么内心便容易感到忧伤。

缺乏快乐会使我们的生活失去色彩，如果我们一直处于哀伤的情境之中，会渐渐使我们变得抑郁，甚至还有可能患上抑郁症，从而影响我们的身心健康。

首先，一直处于哀伤之中的大学生，会变得更加孤单，使自身的交际范围缩小，对探求他人的内心世界、揣摩人际关系的方法也茫然不知。长期脱离交际圈，脱离生活环境，会抑制人的各种能力的发展。

其次，缺乏快乐会导致个体的心理品质的异常性。长期处于哀伤的心理状态，会使人形成自卑、孤僻的性格，进而对情绪、智力发展、语言交流等方面产生障碍；同时，哀伤的人注意力难以集中，容易出现多虑、猜疑、自暴自弃、郁闷、过于敏感等心境。对他人的评论十分敏感，对批评常常难以释怀，并表现出贬低、妒忌他人的言语或攻击行为。

最后，缺乏快乐的人，缺少融入集体的意识和勇气。由于不主动参加集体活动，对集体生活缺少体验，缺少集体意识和集体荣誉感；面对困难或挫折的承受能力差，回避参与任何竞赛及竞争，这样很容易被现代社会中日益残酷的竞争所淘汰。

（三）建议

1. 个人方面

那么，我们如何面对哀伤，让自己变得快乐呢？

（1）及时调节情绪，必要时寻找心理咨询师的帮助

心理学家说，情绪就像体温计，能够衡量人的心理健康水平。如果一个人的情绪长时间处于高亢或者低落状态，说明其心理健康出现了问题。心理健康的人，能够在适当的场合适度控制自己的情绪，能够进行恰当的情绪管理，特别是在遇到哀伤事件的时候，能尽快从中走出来，振作起来。对自己通过努力仍不能及时解决的心理问题，可以求助心理咨询师。

（2）转移注意力

①锚定法：通过放松心情，将注意力转移到某处或某种特定动作。可以进行腹式呼吸，将注意力转移到腹式呼吸，通过放松心情、腹式呼吸，起到转移注意力的作用。

②兴趣法：通常表现为将注意力转移到感兴趣的活动上，如体育锻炼，包括跑步、打球等体育运动，集中精力使注意力得到转移。

③调换环境：患者可以更换较放松的环境，进而达到转移注意力的目的。

（3）正确面对哀伤

当我们的内心处于哀伤的状态时，整个人就会处于不快乐的状态，所以，我

们要直面内心的痛苦，以便更好地面对生活。要学会适应寂寞，不是每个人在每段时间都会抽空来陪自己，社会节奏的加快，每个人都有自己的烦恼与困惑，此时，我们应学会去适应或打发寂寞，做一些自己想干的事情，例如，出去散步、旅游，找份工作，学习一些新知识等。另外，还要广交益友，与社会上不同角色的人适当交往。

（4）积极暗示法

积极的暗示能使人改变消极的心态，产生积极的情绪。我们可以有意识地采用"我 OK！我一定能行"之类的积极语言为自己加油，根据自己的实际情况，拟定鼓舞人心的话，每天在出门之前对着镜子重复练习几遍，在语言暗示后做自己该做的事。

（5）勇敢坚强地面对不幸

人生不如意之事十有八九，每个人的人生并不都是一帆风顺的，当不幸降临到我们头上时，唉声叹气自认倒霉，这是一种负面情绪。唉声叹气不会帮助你改变现实，只会削弱你和命运抗争的意志，使你消极地接受生活。悲观失望、自暴自弃，用悲观自弃来对待不幸，实际上是在帮助挫折打击自己，是在既有的痛苦中为自己制造新的痛苦。现实并不因人的埋怨诅咒而有所改变。事实上，在诅咒之中，真正受到伤害的并不是诅咒的对象，而往往是诅咒者自身。

在生活中，倘若遭遇不幸，就应该表现出伟大的胸怀，鼓起勇气，振作精神，以刚毅坚强的态度与厄运进行不屈的斗争。在不幸的生活面前，谁能用刚毅坚强的态度对待人生中的不幸，谁就能最终克服不幸。在不幸面前越坚强，就越能减轻不幸带给自己的打击。

2. 高校方面

重视网络平台心理疏导，让学生感受到温暖和被尊重。网络是一个虚拟世界，具有虚幻性、自由性和隐蔽性等特点。大学生更愿意在网上发布文字或图片，讲述自己在日常生活、工作、学习中遇到的问题，表达自己的感受，这种表达方式具有随机性。即使遇到大的问题或困难，大学生也更倾向于通过网络表达，而很少选择与教师交流。因此，辅导员要鼓励学生，多和学生分享快乐，在学生表达消极情绪时给予引导和关心，使学生感受到教师的关心和关注。

优化高校思想政治教育心理辅导方法。首先，开设与心理健康相关的必修课。其次，加强心理测试的针对性。常用的心理健康普查筛查功能针对性不强，应建立一个更有针对性、更有活力的专业心理咨询机构，并将其融入学生日常生活。结合心理阅览室、心理沙盘室、宣泄室等的不同功能，培养学生运用心理知识进行自我调节的能力。最后，引入创新教育教学机制，开发学生心理活动，如利用沙盘、沙箱等引导学生达到积极的心理状态。还可以利用主题小组活动、微信公众号和网络平台等，帮助学生解决自己的问题。

培养和强化高校辅导员的心理疏导意识。在高校，学生接触最多的是辅导员。辅导员应提高自身心理咨询能力，时刻关注学生的心理发展，关注学生遇到的心理问题，及时帮助学生走出心理困境。此外，高校辅导员还要密切观察和评价大学生的心理状况，增强他们对心理咨询和干预的敏感性，开展心理培训。

加强教育者与大学生的情感交流，实现无障碍沟通。高校要安排专业的心理教育专家或教师对学生进行心理障碍疏导。情绪的变化会直接影响学生的心理健康，教师要关注学生的情绪变化，及时了解学生遇到的心理问题，设立情感咨询室。当代大学生个性十足，心理辅导教育要想实现理想的效果，就要"以情感人、以理理解、以爱施人"。重视情感在思想教育和心理咨询中的重要作用，将情感与心理辅导相结合，真正了解学生的动向。教师应通过倾注情感、以身作则，充分发挥情感的感染力，让学生感受到来自教师的真诚关怀，产生良好的情感体验，进而信任教师。

五、人际交往问题

（一）案例

案例一：小东，大一男生，性格内向，不善于与人沟通，经常独来独往。最近，他上课常打瞌睡。原来，小东室友最近经常在寝室看青春偶像剧，声音很大，该剧还吸引了其他寝室的同学前来观看。为顾及同学情面，他不好当面给对方提意见。可是，同学们看到凌晨两点还是没有歇停，这严重影响了小东的睡眠质量。

案例二：最近，正在热恋中的萍萍每晚都会和男友有很长的电话卧谈，凌晨1点，萍萍依然躲在被子里与男友嘀嘀咕咕。这对情侣的对话虽然声音不大，但这嘀嘀咕咕的声音，对寝室的琴琴、敏敏来说，依然造成入睡困难。每到第二天，琴琴、敏敏总是打不起精神。她们对萍萍的行为极其反感，但又没有好的解决措施，她们只愿意与原来中学时期的朋友联系，对大学同学间的人际关系较为失望。

（二）分析

进入大学后，新的伙伴、新的环境要求大学生能独立与不同性格的人交往，但由于缺乏交往技巧或自身存在性格缺陷等方面的原因，一些人难以与他人建立友好而深入的人际关系。在心理体验方面，表现为缺少知心朋友，不愿与人主动交流。在大学生活中，有的学生主动适应，寻求改善，渐渐适应了大学人际关系；但一些学生可能在整个大学期间都没有适应新朋友，其友谊还停留在过去，交往密切的对象依然是以往的伙伴。

首先，大学生来自全国各地，各地饮食习惯、气候不尽相同，且由原来依赖父母的家庭环境过渡到相对自立的集体生活。生活环境与生活方式的巨大转变会使他们感到不适应。在心理方面，容易产生孤独感，出现思念亲人、怀念老同学等现象，由此出现焦虑、抑郁、敌对、低落的情绪，严重者甚至会影响心理健康。另外，一些学生表现出不良的生活习惯，诸如打牌、睡懒觉、熬夜、沉迷于网络等，大部分时间在消遣中度过，对学习逐渐失去兴趣。

其次，从中学阶段步入大学阶段，对于一些大学生来说，角色未及时转换，还带着"过去的荣耀"来到大学。进入大学后，面对其他出类拔萃的同学，其荣耀不再突显，会使他们无法接受理想自我和现实自我之间的差距，从而产生失落情绪与自卑感。

最后，大学生在学习目的、内容、方式等方面与中学时代存在差异。大学学习更强调启发性、研讨性、自学式教育，自学能力的高低成为影响学业成绩的重要因素。许多新生入学后，对大学学习安排不知所措，独立学习能力欠缺，这些表现在近年入校的独生子女身上尤为突出，这也导致他们在人际交往上不知所措。

不良的人际关系会影响大学生的情绪，让他们产生心理落差。不良人际关系的形成有多方面的原因，具体分析如下。

（1）家庭环境的影响

父母的价值观念、人际交往能力会对孩子产生重要的影响。家庭是孩子成长最直接、最重要的环境，家庭因素在每个人的成长中发挥着至关重要的作用，家庭的结构、父母的教育态度及对孩子投入的精力会影响大学生的人际关系。父母对孩子成绩的期望、父母关系、父母的人际处理方式会直接或间接影响到自己的子女，家庭对个人的性格、生活态度、为人处世等方面有着极大的影响。同时家庭人口数也会对其人际关系有影响，在调查中发现，家庭人口数 > 3 人的比 ≤ 3 人的大学生的人际关系状态相对好一些。如果父母的教育方式过于严厉或采用强硬的教育方式，会导致孩子产生自我否定的心理，长此以往会产生焦虑情绪，进而成为社交恐惧易患人群。

（2）生活中缺少重要他人的指引

重要他人，指在个体社会化及心理人格形成的过程中具有重要影响的具体人物。重要他人可能是成长个体的父母、长辈或兄弟姐妹，也可能是老师、同学，甚至是萍水相逢的路人。在访谈中，通过对老师、家长和学生的调查了解发现，一些孩子从小不懂得如何与人相处，难以形成正确的价值观和价值取向。这有可能与以下因素有关。

首先，父母文化层次低，不懂得正确地引导学生成长。他们认为，让孩子吃饱穿暖是父母的责任，教育孩子是老师的责任。

其次，在学校教育中，班级授课制的教育教学形式下师少生多，对学生的关爱存在不足。如果学生的玩伴群体品行不良，也有可能影响其成长。

（3）自身因素的影响

大学生心理尚未完全成熟，缺乏社会阅历，思想单纯。其学习内容多集中于理论知识，但因生活阅历简单，心理承受能力较差。

（4）学校因素的影响

大学期间是学生建立人际关系的关键时期，校园文化、校园氛围及学校心理健康教育均会对大学生的行为及生活方式产生重要影响。大学生心理辅导对于大学生的健康发展有着至关重要的作用。研究发现，参加心理辅导的大学生人际关系得分优于未参加辅导的大学生，这表明心理干预有助于大学生人际关系的改善。大学生不愿参加心理辅导，遇到问题时没有及时解决，最终影响自己的生活、学习，包括人际关系等方面。除此之外，部分学生因自身存在心理问题，甚至有生理上的病变，同时内心排斥心理咨询活动，导致问题恶化，进而影响了生活、学习及人际关系等。也有研究表明，大学生人际关系问题的特征之一就是大学生心理素质发展还不完善，心理素质较差。

（5）不良心态的影响

在不良的人际交往中，大学生可能存在以下不良心态，对人际关系产生影响。

①自卑心理。有些人容易产生自卑感，缺乏自信，办事无胆量，畏首畏尾，随声附和，没有主见。这种心理若不克服，会磨损人的独特个性。同时，在与人沟通中，他们又往往无端猜疑，不轻易相信别人，造成人际关系的僵化。

②求反心理。有些大学生喜欢与别人抬杠，对待事情不管是非曲直，别人说好，他就说坏，别人说对，他就说错，这样的沟通方式，常常会引来他人的反感。

③漠视心理。有些事对自己没有利益，大学生便冷漠看待，不闻不问，或者错误地以尖刻的言语、孤傲的态度表现出来，致使别人不敢接近自己，从而失去一些重要的朋友。

（三）建议

1. 个人方面

悦纳自我，欣赏自我，主动沟通，是大学生拓展人际关系的重要途径。那么，大学生如何沟通，才能在人际关系中拓展生存空间呢？

（1）树立自信，是赢得别人欣赏的第一步

成功来源于自信，人最大的敌人是自己，缺乏自信的大学生，往往在人际关系中不懂沟通、不能沟通甚至不敢沟通。如果我们不相信自己在别人眼中的实力，便不能正确地认识自己。走出第一步，学会在课堂上第一次发言，学会第一次与陌生人打交道，学会在大庭广众之下表演才艺，这第一次的露脸，尽管因腼腆可能会得不到内心所追寻的效果，但这勇敢的第一次，却能为第二次的出场创造空间。

（2）真诚尊重是沟通的原则

千金易得，知己难求。有些大学生在他人面前呈现的友好仅是昙花一现，未能赢得他人的好感，而最后被接纳的往往是那些以诚待人、胸无城府的朋友。

（3）换位思考是体验交往双方内心世界的重要方式

在人际交往中，大学生难免会产生矛盾冲突。在交往中要学会换位思考，从对方角度出发，想想自己的言行会引发什么样的后果，再通过深思熟虑，获得最佳沟通的效果。理解是成功的人际交往的必要前提，要真正了解对方心情的好坏、处境、需要等。在未征求他人同意时盲目提建议或做决定，可能会遭到他人的拒绝，因此，考虑双方共同利益，体谅他人，尊重他人，有利于深化双方感情。这也是大学生在交往中必备的心理素质。

（4）善于倾听别人的表达

在与别人交流时，仔细认真地听别人说话，能准确地理解和领会别人想要表达的意思与说话的目的。很好地与人交流和沟通，能达到事半功倍的效果。

2. 高校方面

（1）完善人际交往教学内容。人际交往能力的培养离不开学校教育，错误和不成熟的思想观念是影响人际交往的主要因素。因此，对大学生人际交往进行思想政治教育是当前迫切需要重视的问题。学校应该把人际交往能力的培养纳入大学思想政治教育的核心内容。要明确教学目标，围绕教学目标制定出具体的理论和实践教学相结合的教育内容和教学方法。可借鉴国外和国内的研究成果，在细节上做出一些调整，使其更适合本地区和本校实际。采用有特色的课堂教学方法让学生形成正确的人际交往认识，树立正确的人际交往观。把人际交往纳入思想政治教育内容，通过思想政治教育来引领学生人际交往活动。在这个过程中教师的引领作用是很重要的。教师在与学生的交往过程中，应保持积极、正向、稳定的情绪，正视教学实践过程中情感交往的合理表达，重视交往情感的育人价值。

（2）提供社会实践机会。一方面，人们在协调自己与他人、个人与社会的关系中产生了思想政治教育实践；另一方面，思想政治教育又为人们自由全面发展、实现自身价值和社会价值的统一服务。学校思想政治教育应该为学生提供更广阔的体验自我价值和检验自身人际交往能力的平台，创造更多社会实践活动，让学生在社会实践活动中亲自体会人际交往能力的重要性。

（3）制定人际交往能力评价体系。通过制定科学有效的学生人际交往评价机制，对学生的交往能力进行客观的评价。建立完整的考核体系对学生理论知识的掌握和实践知识的引用进行全面考核，确保考核结果的有效性和权威性，充分体现考核结果的参考价值，把学生人际交往能力作为各种评优甚至毕业标准的主要参考项目。

（4）完善学生心理疏导机制。精神交往的任何形式，都是交往各方面同时的或跨时空的一种精神上的联系，而任何一种心理障碍都可能造成联系中断、扭曲或松弛。大学生顺利完成学业需要扎实的专业素养和健康的心理素质。但是大学生正处于心理成长期，心理自我调整机制还没有成熟，对自身所出现的一些心理现象及产生原因不能进行准确的认识和理解，当人际交往中遇到挫折时容易出现心理失衡。因此，高校首先要加强学生心理健康中心建设，让心理健康中心充分发挥自身功能。加强学生心理健康教育，顺畅心理咨询渠道。

六、恋爱问题

（一）案例

21岁的琳琳是某高校的大二女生。在她12岁时，父亲有了外遇，丢下琳琳和母亲离开，而母亲至今未重新组建家庭，与琳琳相依为命。母亲虽未组建新的家庭，但在长期的家庭生活中，她时刻抱怨父亲给自己造成伤害。在琳琳成长的记忆里，母亲经常以泪洗面，在父亲的阴影中煎熬着。懂事的琳琳看见母亲可怜，却爱莫能助。对父亲的恨隐藏在心里，默默地埋下了愤怒的种子。

大一下学期，琳琳和刚认识一周的不同校的小东恋爱了。虽然他们学校之间距离很远，但小东每周都会到琳琳学校找她，他俩每周在甜蜜中谈笑风生。但是，这种状况并没有持续很久，小东找琳琳的次数慢慢变少。到了大二下学期，小东半个月才来见琳琳一次，后来基本都是琳琳去找小东。且每次她去找小东的时候，小东都会显得很不耐烦，于是两人便开始争吵。随着吵架次数增多，琳琳觉得很累，很多时候想到了分手，但又很舍不得这段感情。

有一次，琳琳无意间看到小东的电话记录，发现他与一个女生来往很密切。琳琳控制不住自己，便给那女生打电话，询问对方与小东的关系，那女生说自己是小东的女朋友。这突然的回答对琳琳来说，犹如晴天霹雳，她难以接受这个现实。小东知道这件事情以后提出分手。父母失败的婚姻已经让她非常难过，痛苦中的她又第二次受到伤害。她联想到可怜的妈妈，想到自己也逃不过妈妈的宿命，整天魂不守舍，情绪低落，郁郁寡欢，成绩下降。

（二）分析

案例中的琳琳之所以郁郁寡欢，是由于她最信赖的男朋友背叛了她的感情。一次失恋，打乱了她正常的生活秩序、学习规律，将她的身心健康搅得一塌糊涂。

从心理角度看，失恋后往往产生极大的挫败感，这是大学生最严重的挫折之一。失恋带来最直接的体验是自卑感和失败感。例如，有的大学生失恋后，觉得自己在同学面前抬不起头来；有的大学生突然对自己各方面的表现感到不满，觉得自己一无是处。若没有及时得到调适，失恋可能会动摇今后个人对建立亲密关系能力的评价，怀疑"会不会有人再爱自己"，怀疑自己"再去爱别人"的可能性。失恋的学生往往会产生"以后不可能再有这样的关系"之类的想法，无形中把自己永远归结为一个失败者。而且，这种消极的影响常常还会泛化到失恋者对生活、学习等其他方面的兴趣和信心，导致失恋者一蹶不振。

是什么样的原因导致像琳琳这样的大学生在失恋后无法自拔呢？

大学生在生理方面已经成熟，他们存在接近异性的冲动。对异性产生好感是正常的心理表现，但在不深入了解对方情况下进行的恋情，开始容易，结束也容易。

"闪电式"恋爱在大学生活中比较常见，由高中繁忙的学习生活走向看似轻松的大学生活，促使大学生对爱情产生向往之情。但知己不知彼的恋爱心态，对大学生维系恋爱的持久性会产生极大的障碍。

失恋的人容易失去自信，认为失恋意味着无能，这是强加给自己的心理枷锁。在恋爱过程中，遇到挫折与打击是很正常的，处理不好，会使自尊心受到伤害，产生不良的情绪困扰，严重者还会导致心理疾病。失恋者往往对抛弃自己的人一往情深，对爱情生活充满美好的回忆和幻想，他们常常否认失恋的存在，陷入单相思的泥潭，也有大学生可能会出现特殊的情感矛盾，既爱又恨，且不能自拔。

一些青春期的男女，喜欢欣赏琼瑶类浪漫型爱情至上的文学作品。在文学作品或影视节目中，模仿纯洁神圣的爱情，将剧中虚拟化的爱情与现实情景中的爱情混为一谈。为了更进一步品尝爱情的甜蜜，有的大学生在校期间与恋爱对象租房同居，双方关系一旦破裂，即陷入失恋的困境中苦不堪言。

如果大学生从小生活的家庭环境长期缺爱，他们可能会通过异性交往补偿内心的缺失，有的学生往往以恋爱的方式向异性伸出求助之手，在外人看来，他们在谈情说爱，其实只不过是在寻找心理慰藉，以排除内心的孤独。实际上，这种"爱"的寄托，不利于大学生以正常的心理去接纳异性的爱。

（三）建议

1. 个人方面

如果有人说爱情是大学生活的必修课，那么如何面对失恋是必修课中的重难点之一。在失恋的现实面前，勇于接受，坦然面对，是大学生情感成长的关键点。

（1）爱是自我成长

首先，大学生应学会爱自己。一个自爱的人是自知的，一个心理成熟的人，能自然而坦然地表达自我。

（2）理解爱情

爱情是给予不是索取，真正地爱一个人是希望对方幸福，而不是一定要占有对方。如果爱上一个人，虽然很想拥有对方，但是如果你的爱对他（她）来说是一种负担，或是一种痛苦，放手是对彼此最负责的选择。

（3）培养爱的能力与责任

责任是恋爱的本质，是对爱情和理想的升华。大学生在恋爱中应自觉抵制不良诱惑，加强自我管理，提高恋爱挫折承受能力，正确处理好好恋爱中的各种关系。

恋爱双方在恋爱过程中都有相应责任要承担，责任意识是维持长期稳定恋爱关系的关键。培养责任意识，并不是非要具体到对某一异性的责任，可以是更广泛意义上的责任。通过社会实践培养恋爱责任，在参加社会实践活动中提高自身责任意识。如支教活动、普及文明风尚志愿服务、献爱心支援服务、应急救援支援服务等，在实践活动中培养无私的品格和奋斗精神，提高自己的责任意识，在亲身参与中提高自己处理各种问题的能力，从而更好地解决恋爱过程中出现的矛盾。

（4）具备解决爱的冲突的能力

学生在恋爱期间，还不太会为对方着想，觉得对方对自己不忠，便开始怀疑对方。许多大学生在互相交往后，认为对方只能属于自己，除了自己谁也不能亲近，更限制对方与其他人的交流。这样会在一定的程度上，对对方的身心造成影响，甚至造成事物的反向发展。大学生应站在对方的立场学会换位思考，懂得如何沟通才能形成有效的沟通模式。

（5）在失恋后要理智，及时宣泄情感，不去纠缠

多数大学生认为，失恋是一件丢脸的事，不愿意向任何人倾诉。其实，过分埋藏和压抑失恋的痛苦，只会让自己更加痛苦。要懂得找亲近的朋友或心理咨询师予以倾诉，在倾诉中合理宣泄。正视现实，理智分析是宣泄后的必备菜。爱情不是同情，也不是怜悯，更不是强求。失恋不是非对即错的问题，而是适合不适合的问题。失恋后，环境转移与感情转移对于摆脱失恋的痛苦有一定帮助。失恋后之所以难以摆脱恋情的困扰，就在于生活的各方面都与昔日的恋人有着千丝万缕的联系。失恋后可以主动换环境，暂时离开触动恋爱回忆的景、物、人，让自己主动置身于另一种宁静之中。爱情固然重要，但不是生活的全部，失恋后，可以把感情转移到别的事物上，不可因此远离人生。失恋后，切忌因急于摆脱痛苦而迅速投身于另外一段感情，将第三人作为自己的情感替代品。这样有可能因盲目的爱而迷失方向，让自己的感情再次受到伤害。

2. 高校方面

高校方面加强对新生的教育。新生来到一个陌生的新环境，接受能力和适应能力都比较差，高校应该抓住这个时期给学生及时进行理想、道德、价值观、人生观、恋爱观等的教育。从而使学生刚一入学就以积极健康的心态和心理来面对接下来的大学生涯。首先，要帮助他们正确摆正和处理学习和爱情的关系，要争取在学业的成功中获取爱情，恋爱要服从于学业，只有正确处理好恋爱和学习的关系，才能使爱情的力量成为促进学习的动力，而学习的成功又会促进爱情的巩固和发展。要努力培养学生的责任感。其次，要教会新生正确恋爱，树立文明正确的恋爱观，倡导文明的恋爱行为，学会顾及他人感受，形成高尚文明的恋爱风气。最后，帮助他们树立正确的性道德观，慎重对待恋爱。引导学生学会摒弃不良行为和思想的影响。

配合家庭教育和社会教育，构建"三位一体"的全新教育网络。高校是培养

大学生正确恋爱观的主要承担者，但是这一任务的完成离不开家庭的配合和社会的帮助。学生的恋爱心理压力和问题不仅来自学校，也来自家庭和社会。家长本身不健全的人格、不恰当的教养方式以及对学生恋爱的不合理态度都会直接引起学生的恋爱心理问题，影响学生的恋爱心理健康。据此，高校心理健康教育应得到家长的配合，家长不应盲目将事情复杂化。部分家长对于学生的婚恋行为已经持较为开放的态度。但家长与学生之间在婚恋问题上的沟通还存在一些问题。针对这个盲区，高校应当加强同家长的沟通联络。对可能发生问题的学生及时通报家庭。在公开示爱的问题上，学校应当引导学生正确处理爱情问题，不应明令禁止，但在日常教育中应当引导学生正确得当处理此类问题。此外，只有学校、家庭、社会三方共同努力，学生的正确、文明、高尚的恋爱观才有可能成为现实。

七、职业生涯规划问题

（一）案例

王兴，22岁，大四学生，曾担任校学生会主席，是一名品学兼优的学生。求职期间，很多用人单位都很器重他，但他偏偏自视过高，要么嫌弃单位工资低，要么在意单位男女比例失调，要么觉得单位离市区太远，对那些令其他同学羡慕不已的单位不屑一顾，迟迟不愿签约。父母又很希望王兴能在离家较近的地方工作，以便今后能经常回家。最后，毕业一天天逼近，就业危机感也日益加重，这位典型的高自我价值者，虽然是一名优秀的学生，可自负感和超优越感使他头脑发热，无法正视自己与用人单位，结果错失良机。近段时间以来，他情绪低落，焦虑烦躁，痛苦不堪，感到前途渺茫。

（二）分析

案例中的王兴虽然是一名优秀的学生，但他没有调整好心态，对就业环境缺乏深入的了解与分析，一心想找好单位，对接触过的单位过分挑剔，求全责备；甚至刚开始与用人单位接触，就对其待遇或就业地点不满，从而错过许多良好的就业机会。在就业期望值方面，王兴定位过高，一味追求待遇好、收入高、地方好，导致其主观愿望与现实之间出现落差。由于理想和现实不统一，导致王兴产生压抑的心理，情绪低落，感到前途渺茫。

现实生活中，高自我价值感是优秀生中较为普遍的心理特征。他们自信，有活力，这并非坏事，但在求职中，人才济济，职位供不应求，况且，用人单位的选择并不唯一。王兴存在过分的优越感和自负感，这种高自我价值感对大学生的就业造成一定的不良影响。

（1）内在因素

①错误的职业价值观心态。许多大学生在学校期间，只是依照学校安排完成学业和一些活动，并未考虑毕业之后的规划问题。部分大学生读了几年，都不懂自己的专业有怎样的就业方向、社会对自己的专业有怎样的需求，这就使得大学生本身不懂自己要做什么，不清楚自己的兴趣爱好，对职业世界比较迷茫。没有明确的目标，使得大学生对学习失去信心，上课睡觉、玩手机，下课烧烤、小扎啤，过着毫无意义的日子。

部分大学生虽然拥有目标，但在拜金主义和享乐主义的世界观里迷失了方向，导致就业价值取向偏离正确的轨道。大学生在校期间没有正确的观念，对自己没有正确的认知，期望薪资与实际不符，职位目标不切实际，这就在职业世界的道路上走偏了，使得自己就业更加困难。

②攀取高层次的社会地位。大学生心目中的高社会地位，主要指在有实权、有声望或经济基础雄厚的单位工作，这些单位一般在条件舒适的大城市。当然也有部分大学生产生"低就意识"，去一些乡镇企业工作。他们认为，乡镇企业更需要人才，更容易被重用，能充分发挥自己的才智，并且来去自由，个人收入也比较高。

③自负心理。自负心理是缺乏客观的自我分析和自我评价的表现。目前在大学生中，先就业后择业再创业的观念还没有完全建立，在就业时有较多学生总想一步到位，找到满意的职业和工作。一些大学生对自己的评价过高，他们或因所学专业需求旺盛，或因就读学校为名牌学府，或因自己无论专业知识还是综合素质都高人一筹，或因被不少用人单位垂青，而产生一种高人一等的自负心理。他们盲目自信，择业标准高，认为理所应当得到一份理想的职业。在这种心理支配下，他们好高骛远，往往是"这山望着那山高"，从而错过不少适合自己发展的单位。如果未能如愿，则情绪会一落千丈，从而产生孤独、失落、烦躁、抑郁的心理。

（2）外在因素

①家庭的影响。家庭是人生活的场所，家庭因素对个体职业生涯的发展影响十分深远。父母对子女的期望往往在一定程度上影响着孩子。每个孩子都希望拥有一份体面、收入可观的工作，从而换来父母脸上的微笑。但如事例中的王兴，

父母的期望就变成了一种压力。

②职业教育引导不足。教育赋予个人才能和技艺，塑造人的性格，培养人的情操，使个体具备发展的基本素质和条件。前例中王兴在教育的培养方面，是成功的，但该生缺乏一定的职业教育引导。如果在他产生不合理的职业选择观时，有专业的人员进行辅导，那么，王兴的问题可能会在一定程度上得到解决。

③个体环境的影响。个体所生活的环境对个人职业选择可能会产生影响。个体所处的环境、个体接触的不同人群，都可能影响自己对社会以及对职业的看法和态度，从而影响其职业生涯发展。大学生自身的优越感促使其往更好的方向发展，但同伴群体的某些诱因也会导致他对自身要求较高，从而缺乏正确合理的职业定位。

④社会大环境的影响。职业生涯规划培训机构良莠不齐，专业化的职业规划咨询机构匮乏。社会环境因素指除了学生个体、学校等之外的一切因素。时代环境、行业环境、家庭环境等都会影响高职生的职业定位。在职业生涯规划能力培养方面，国内比较著名的一些社会培训机构诸如北森、新精英等，他们开发了职业课程的网络课程教学资源，依托测评工具，可以在一定程度上解决高职生自我认知（职业兴趣、性格、职业价值观等的测评与分析）的范畴。但网络课程的教学特点决定了无法根据高职生个性特征的动态变化给予专业指导，一对一的职业咨询更是稀缺，专业化的职业规划咨询机构普遍缺乏。

（三）建议

1. 个人方面

打算选择什么样的行业？做什么样的职业？想达到什么样的目标？过什么样的生活？如何通过自身的学习与工作达到某种目标……诸如此类的问题，都是大学生该考虑的重大问题。大学生需正视现实问题，当自己的理想与现实发生矛盾时，应以现实为重。

（1）了解职业个性

如何对将来更满意，更能体现自己的价值，走好大学中的每一步很关键。帮助大学生了解自己的职业个性是职业素质教育的关键点。如果学生了解这一点，在确定自己的工作时，多一些理性的思考，择业的针对性就会增强一些。

（2）提升职业品质

大学生职业品质，指大学生在职业行为、工作作风方面表现出来的思想、认识和态度等。提升学生职业品质的过程，也是帮助他们逐步实现社会化的过程。

（3）先就业再择业

先就业再择业，转换就业观念，是大学生适应社会发展、合理选择职业的正确求职观。学会降低自己的期望值，先就业为主，可以减轻大学生的就业压力。一位辅导员曾这样激励学生积极改变就业观念：若再嫌弃边远，若再犹豫找工作离父母有多远，若还在嫌弃专业不对口，将好工作弃之门外，那么你有可能将下一步的生活推向绝境。先选上不如意或自认为不如意的，下一步才有足够的信心去换如意的。连不如意的都选不上，那么如意的竞争对手又会有多少？看清楚自己的实力，懂得取舍，未来才可能有生存的希望。2020 年，某市某职位只招 1 名工作人员，但报考人数为 2776 人，这样的数字显示，其中的 2775 人仅处于陪考状态。这一事实告诉毕业生，赶紧寻找自己的"饭碗"，存足实力，才是人生正确的规划。有实力的，可以一步到位，实力靠后的可分步到位，在分步到位中即便是一步步地蜗牛爬行，最终勤能补拙也能改变自己的命运。这样的语言，告诉多数毕业生要避免盲目挑选，要在就业选择中学会审时度势，合理规划。

（4）克服心理障碍

在求职中，克服自卑心理和自怨情绪尤其重要。只有具备良好的心理素质，才能经受挫折的考验。对于心理素质较差的群体，可以通过专业的辅导予以培训，在培训中使他们学会面试的技巧，以提升自己在就业中的应变能力。

（5）制订职业计划，努力提升专业素质

专业强，理论深，基础厚，技能精，是用人单位选拔人才的标准。大学生应该通过制定自己的职业规划来了解自己，也包括了解他人和社会。

2. 高校方面

课堂是学生学习理论知识、信息反馈的主要场所，良好的课堂氛围以及正确的学习方法，对学生今后学习与发展有着重要意义。所以，要求高校以及教师需要给学生创建良好的教学氛围，打造高效的职业规划课堂。首先，保证理论知识讲解的全面性。理论知识讲解是职业规划教育的要点，良好的理论知识基础能够有效促进课堂氛围升级，在此过程中，对教师提出严格要求，不但要求教师掌握充足的专业知识，还要做到知识灵活运用。其次，适当改革课堂结构，加强课堂对学生就业发展的服务，给学生设置开学初期教育至毕业期全方位教育模式。最后，加强学生信息反馈体系建设。在对学生进行职业规划教育过程中，不但涉及理论知识，还要给学生提供更多的实践机会。所以，需要给学生建立完善的职业规划档案，对学生学习与实践情况进行追踪监管，定期整理教育内容，给后续职业规划教育活动开展提供数据参考。

第三章 高职院校大学生心理健康辅导

高职院校大学生有了心理问题就需要他人的心理辅导，本章简单介绍了心理辅导的内容，以及心理辅导的方法和解决途径。大学生有了心理问题一定要重视起来，积极寻求解决办法。

第一节 大学生心理辅导概述

一、心理辅导目标

近年来，国内很多高校开展了学校心理辅导工作并取得了许多可喜的成绩。然而，由于研究者或心理辅导教师所制定的心理辅导目标略显模糊和笼统，所以学校心理辅导本身独有的特点及心理辅导的真正内涵没有得到真正的体现。例如，有学者认为学校心理辅导的目标是"培养良好的心理素质，开发心理潜能，预防心理疾病，增进心理健康"。还有的学者在制定学校心理辅导的目标时按照学生的生活领域，在每一生活领域活动前加上一个正向的、具有良好含义的修饰词作为学校心理辅导的目标。例如"培养较强的社会适应能力，初步树立良好的自我意识，学习建立良好的人际关系，发展自己健全的性格，促进智力的正常发展"等。这些目标过于笼统，从而缺乏整体性和操作性，并且对学校心理辅导目标的层次性强调得不够。

高校心理辅导的目标包含两个层次，并且应该与学校教育的目标相一致。

首先，通过学校心理辅导，帮助学生"认识自己""接纳自己""欣赏自己"并"接纳他人"，帮助学生解决所面临的实际问题，并增强他们应对逆境和战胜挫折的勇气，管理自己的生活和学习。

其次，通过学校心理辅导，使学生能祛除不良的习惯、改善行为、化解消极思想与情感，帮助学生正确地做出选择和制订切实可行的行动计划，鼓励学生通过自己的探索来寻求生活和生存的意义，帮助学生认清自己内在的潜力与资源，充分发挥内在潜能。最终目标是使学生过上健康的、有意义的、充实的和幸福的生活。

基于此，我们可以提炼出学校心理辅导的六个方面的目标。

①让被辅导者更全面准确地了解自己，接纳他人。

②激励被辅导者摆脱生活困境的勇气和信心。

③培养被辅导者战胜困难的能力。

④矫正被辅导者的不良行为习惯，建立良好的生活习惯。

⑤提高被辅导者对现实问题的认知和分析水平，充分发挥被辅导者自身潜能。

⑥给予被辅导者情感支持，让他们获得积极情感体验，过上幸福生活。

通过学校心理辅导，我们首先期望学生能学会调适。调适包括调节与适应。调节指通过学校心理辅导，个体调节自身的精神生活、行为模式的各个方面及其相互关系。适应指通过学校心理辅导，达到个体与周围环境的和谐一致。学会调节是指"学会正确对待自己""接纳自己和他人"，学会化解自己的消极情绪，从而使个人精神生活保持一种内部和谐的状态。学会适应一方面指的是要矫治自己的错误行为，使自己养成正确的适应行为，从而将自己的行为调整到符合社会规范的轨道上；另一方面指的是要消除人际交往中的各种障碍，提高人际交往的质量，最终达到适应社会环境的目的。因此，调节是处理个体自身内部的精神活动和行为模式，适应是处理个体与外界的关系。

其次，期望寻求学生的发展。寻求发展是一个终身概念，这就不仅需要教师正确引导学生认清楚自己的潜力与现有特长，从而确立起具有较高价值的生活目标，担负起生活责任；而且需要教师帮助学生拓展生活方式，发展良好的人际关系，激发学生自己的主动性、创造性以及发挥学生作为社会一员的良好社会功能。注意，寻求发展的最终目的是帮助学生过积极、幸福而有效率、有意义的生活。

需要明确的是，在以上这两个目标中，"学会调适"是基础目标，所以，以此目标为主要目标的心理辅导被称为"调适性辅导"；"寻求发展"是高级目标，那么，以此目标为主要目标的心理辅导被称为"发展性辅导"。这两个目标能否达成以及达成度怎样表现在，当接受过心理辅导的学生在面临各种困难、压力的情境时，能否综合个人条件和环境要求，自主地做出适当的选择和明智的决策，从而制订切实可行的行动计划，进而成功克服困难和解决问题，以及渡过困境之后能增进自身解决问题的能力，使潜能充分发挥。

二、心理辅导主要内容

在我国高校教育中，开展心理辅导的时间还不长，积累的相关经验和教训还比较少，从业教师的专业素质和能力还有待提高。这些因素使得辅导教师在教学实践中面对学生的心理问题时常认识不足，指导不够有效。这种情况可能导致心理健康教育和其他科目的教学效果受到负面影响。所以，在现阶段明确学校心理辅导的内容对于教师的教和学生的学两方面都具有重大的实践意义。

在传统的分类标准中，研究者将学校心理辅导的内容分为五大类，即"学习辅导""人格辅导""恋爱观辅导""人际关系辅导""职业生涯辅导"。每一类别的辅导对学生的全面发展都具有重要意义。

（一）学习辅导

学生是以成长和学习为主要任务的特殊个体。学习心理活动可以说是学生的主导心理活动。因此，学习辅导就成了学校心理辅导工作中的重中之重。有学者指出，"学习心理辅导是学校心理辅导的一个重要课题，其针对的主要对象是因心理问题而引起的学业不良的学生"。大量的研究结果与学校教育实践共同表明，"高校学生大量的心理问题都与其学习心理问题有或多或少的联系"。学习辅导可以分为广义的学习辅导与狭义的学习辅导。广义的学习辅导是指"教育者对学习者在学习过程中遇到的各种问题（例如，知识技能、知识障碍、动机、态度和价值观以及情绪等）进行辅导"。狭义的学习辅导是指"教师对经历了学习挫折和学习困难的学生的心理困扰和行为障碍进行专业的心理辅导"。因此，从培养学生良好的心理素质意义上讲，广义学习辅导更具有积极的意义，因为它符合学校心理辅导中所提出的发展性目标的精神。在学校心理辅导工作实践中，我们可以将学习辅导的概念理解为，"心理辅导教师运用学习心理学及相关理论对学生的学习技能、学习动机和学习情绪，以及学习习惯进行训练与辅导，从而提高学生的心理品质与技能"。

另外，在学校心理辅导的实际工作中，大多数教育工作者都已认识到，学生智力发展水平是影响学生学习成绩的重要原因之一。然而，除此之外，学生学习的迁移水平、学习动机、人格差异、教师心理和学习的反馈，甚至学校教育活动中的各类社会心理因素（例如，学生在学校中的人际关系以及所处班集体的整体学习氛围）都会对学生的学习产生重要的影响，这些因素容易被忽略。因此，教师对学生进行学习上的心理辅导时应该全面了解学生学习心理困扰和行为障碍的原因。

（二）人格辅导

人格是个体在与环境各种交互作用过程中形成的内在的动力组织和相应行为模式的统一体。人格是一个综合性的概念，包含了能力、气质、性格、价值观和认知风格等多个方面。在学校心理辅导领域，人格是指"个体对己、对人、对事方面的个性心理品质"。人格辅导就是指"教师对学生的自我意识、情绪的自我调适、意志品质、人际交往与沟通，以及群体协作技能进行辅导，旨在培养学生良好的个性心理品质与完善的社会适应能力"。其中，自我意识辅导和情绪辅导在人格辅导中具有重要作用。

某些学生的人格适应不良与他们的学业失败具有密切关系。学业成绩较好的学生很少表现出人格适应方面的问题，因为这些学生通常具有高度的自我整合性、高度的独立性和成熟性等特征。相比之下，那些学业成绩较低的学生，则更容易表现出与人格适应不良相关的问题，产生一系列不利于学习行为的"症状"，例如，多动、敌对情绪、执行控制能力较弱、缺乏责任感和独立性、延迟满足的能力差、情绪波动大、对复杂的学习任务缺乏坚持性等。这类学生往往缺乏自信，对挫折的容忍比较差。当他们遇到问题时，就容易感到焦虑。他们倾向于回避那些自认为可能会使他们受到批评或嘲笑的学习任务，或者可能倾向于逃避困难的学习情境。所有这些不良的特点又会反过来对他们的学习造成负面的影响，从而可能造成恶性循环。

综上所述，人格辅导的目标就是"帮助学生建立和健全独立的人格，从而提高自我意识、提高情绪的自我调控能力，并进一步增强学生的意志品质和团队合作精神以及社会适应性"。

（三）恋爱观辅导

随着"00后"大学生恋爱越来越普遍化，恋爱失败也成了很多大学生都会经历的情感体验，恋爱失败后的心理压力也容易引发各种极端心理。一是失恋往往会引起一系列心理反应，如失落、羞辱、悲伤、孤独、虚无、绝望和报复等，单方面终止爱情的失恋更容易带来心理挫折，由此产生各种不良情绪，如果不及时排解，就容易导致自卑、抑郁等心理问题，更有甚者会用自残、报复等极端手段排泄；二是单恋、恋爱错觉即单相思等恋爱心理认知和情感失误带来的不良心理影响，这种单向投注容易造成一个人精力的持续耗竭，形成隐形的长久伤害。

面对正在经历恋爱问题困扰的大学生，我们一方面要给予他们调试指导，既要帮助大学生认识到解决心理困扰要不怕反复、坚持不懈，又要帮助大学生树立调适的信心并给予调适方法指导。第一，要引导学生回去后继续反思自己不合理的认知和信念，从本质上认识问题；第二，给予学生减压方法，视严重程度让学生通过深呼吸、运动或自己喜欢的兴趣爱好缓解压力；第三，要引导学生转移注意力，把重心放到学习、朋友和亲人身上，或者做自己喜欢的事情；第四，给予学生一定的处理恋爱关系技巧让学生学会理性处理，通过"问题定向性应付"和"情绪定向性应付"来应付挫折和减轻痛苦。

（四）人际关系辅导

面对有人际交往困扰的学生，可以通过个别辅导和团体辅导相结合的方式进行干预和引导。通过个别辅导来帮助学生分析困扰产生的内源性和外源性因素，有针对性地给出合理建议，提出具有可操作性的具体解决方案；通过团体辅导为学生提供交往的环境和机会，在模拟的社交情景中，学生尝试各种交往方法来达到沟通交流的目的，从而提高人际交往能力。同时还可以通过开展相关心理卫生讲座、社交专题讲座等方式帮助学生正确认识自我、科学看待心理困惑，并帮助学生掌握一定的人际交往技能。

（五）职业生涯辅导

有研究者指出，"生涯是生活中各种事件的演进方向和历程，它统合了人一生中的各种职业和生活角色，由此表现出个人独特的自我发展形态"。同时，"生涯也是个体自青春期以至退休以后，一连串有酬或无酬职位的综合"。除了职业之外，生涯还包括任何与工作有关的所有角色。例如，小学生、教师、退休工人等角色。所以，生涯可以理解为介于生命和职业之间的概念，其内容是比较宽泛的，具有丰富的内涵与独特的特性。

职业生涯是"指一个人一生中从事职业的全部历程"。这个历程可以是间断的，也可以是连续不断的，它包含个体所有的工作、职业和职位的外在变更，也包括个体对工作态度和职业体验的内在变更。职业生涯规划是指"个体把自身发展与组织发展、眼前的机遇和制约因素相结合，并对决定个人职业生涯的个人因素、组织因素和社会因素等进行综合分析，从而制定个体一生中在事业发展方面的战略设想与规划"。这些规划包括：为自己确立职业方向、职业目标，选择职业道路，确定教育和发展计划，为实现职业生涯目标而制定一系列的行动方案等。

第二节　高职院校大学生心理辅导的方法和途径

一、心理辅导的方式

目前实施的心理辅导可以概括为教育教学中的心理辅导、开设心理辅导活动课程、个案咨询、书信咨询、电话咨询、专栏咨询、团体心理辅导和讲座、网络心理咨询。学校可以根据学生的实际情况和学生的心理需要来选择适当的形式，以保证心理辅导的实效。了解和掌握这些学校心理辅导的具体形式，有助于我们更好地将心理辅导方法运用于教育教学工作之中，从而促进教学质量的提高。

（一）教育教学中的心理辅导

教育教学中的心理辅导即辅导教师在教学过程中，针对有心理问题或心理困惑的学生而进行的专门的心理咨询与辅导。教学的本质在于促进人的全面发展，这与心理辅导的目标一致。在教学过程中主要应处理好以下关系。

①教师与学生之间的关系。

②学生与学生之间的关系。

③学生与自我之间的关系。

④学生与知识之间的关系。

⑤学生与学习之间的关系。

（二）开设心理辅导活动课程

开设心理辅导活动课程是指每学期专门开设一定课时量的心理辅导课程。

心理辅导活动课程的形式多种多样，例如体育活动、游戏活动、手工艺制作、音乐活动和美术活动等。通过体育活动来培养学生坚毅沉着、勇敢顽强、吃苦耐劳和坚持不懈的良好品质。通过游戏活动来培养学生的团队合作能力，使他们形成公平竞争的理念，养成遵纪守法的社会生活习惯。通过手工艺制作可以培养学生的动手能力，同时也可以激发学生的创造性潜能，并增强学生对生活的热爱之情。通过音乐活动可以净化心灵、放松心情、缓解疲劳、释放压力、培养学生调适身心的能力。通过美术活动可以使学生充分发挥想象力和创造力、表达思想与情感。

（三）个案咨询

个案咨询即心理辅导教师在学校心理咨询室"坐等"来访者上门咨询，是辅导教师通过与学生一对一的沟通互动来实现的专业的助人活动。

（四）书信咨询

书信咨询，即"通过辅导教师与学生进行书信交流的形式来实施心理辅导"。这种咨询方式操作简单、运用方便，非常适合那些对自己的心理障碍有顾虑、比较胆小或怯懦的学生。

（五）电话咨询

学校心理辅导教师可以公布办公室电话甚至个人移动电话，以便于学生出现心理障碍时可以通过电话的方式随时与辅导教师进行沟通。

（六）专栏咨询

专栏咨询是指心理辅导教师针对本学校学生的实际情况，通过广播、报纸或张贴栏等形式对学生的典型心理问题进行辅导和解答。如通过广播或报纸、张贴栏等形式，针对学生的考前焦虑心理问题进行解答和辅导，其时效性较高，实施起来比较简便。

（七）联系学生家庭

与学生家长共同开展发展性心理辅导。家长关于发展性心理辅导的认识和概念将直接影响学生心理健康教育和学校发展性心理辅导的开展。因此，学校应当把发展性心理辅导延伸到家庭中去，与家长建立广泛密切的联系，提高家长对子女的心理健康教育意识，使发展性心理辅导工作突破校园界限，扩展到家庭、社会，形成"学校—家庭—社会"结合的网络系统，成为全社会都关心、支持的工作。

（八）团体心理辅导和讲座

团体心理辅导和讲座主要指"教师针对学生团体中存在的普遍心理问题或心理困惑进行当面的、集中的指导和咨询"。学校团体辅导的对象可以是学生群体、家长群体或亲子群体，甚至是由课任老师、校领导、家长和学生共同组成的群体。

（九）网络心理咨询

网络心理咨询是指辅导教师以网络为媒介，运用各种心理学理论和技巧，帮助当事人以恰当的方式解决其心理问题的过程。目前，使用得比较多的网络咨询与服务方式主要包括一些实时的聊天软件，例如，微信、QQ 和微博等。

创建发展性心理辅导网页。网络成为学生教育的重要载体，对于大学生发展性心理辅导更是如此，由于网络的隐蔽性，学生更容易袒露心扉，说出自己存在的心理障碍。因此创建发展性心理辅导网页，开展网上发展性心理辅导十分重要。发展性心理辅导网可以设立心路历程、心理导航、心理测试、心理发泄、好书推荐等栏目，从而进一步扩大发展性心理辅导普及面。

二、心理辅导中的心理咨询

（一）心理咨询

心理咨询是心理咨询师将其掌握的"咨询心理学"的理论和技能的实际或实践应用，并最终帮助求助者解决心理问题或心理困扰的过程。在这一过程中，心理咨询师要遵守一定的专业要求或职业规范，同时也要考虑到自己的专业知识和水平所限，将其对求助者的帮助限定在一定的范畴之内，即在其专业专长的领域内提供服务。另外，各个不同的心理咨询师由于其所受教育和训练的背景不同，所遵循的理论指导不同，也有不同的工作方式和风格，不尽相同，不能强求一致。

1. 心理咨询的起源

现代心理咨询起源于西方，尤其是以美国为代表。一般认为，促进心理咨询发展主要有五个历史根源。

一是美国波士顿大学教授弗兰克·帕森斯的职业指导工作及职业指导运动的开展。由于美国的工业发展和中等学校招生的迅速扩大，可选择的职业千差万别、多种多样，这为青年人接受教育和选择职业创造了机会。于是，帕森斯开始了职业指导工作，并于 1908 年成立了波士顿职业局，标志着职业指导走向规范化。这是心理咨询发展史上的第一个里程碑职业局，目的是把年轻人的职业能力倾向和兴趣与他们的职业选择联系起来。1909 年，帕森斯出版了《选择职业》一书，为心理咨询的诞生奠定了重要的基础。此书在心理咨询方面的价值是提出了帮助个人选择职业的方法学。帕森斯认为，一个人的职业必须与其兴趣、能力和个性相符合。为了得到理想的职业，不仅要对环境（如成功的条件、工作的性质等）进行正确的评估，也要对自我有正确的认识。1910 年 3 月，美国首届职业指导全国会议召开，有组织的职业指导运动开始闻名全国。1913 年，美国国家职业指导协会成立，并从 1915 年开始发行不定期的专业刊物。职业指导的目标是通过职业指导，使年轻人优化职业选择。职业指导运动是心理咨询理论和实践发展的主要动因之一。职业指导至今仍是世界学校心理咨询工作的重点，在不久的将来也会成为我国学校心理咨询的重点内容之一。

二是心理卫生运动的掀起。1908年，美国人比尔斯根据自己在精神病院住院期间所遭受的冷漠、虐待，出版了一本名为《自觉之心》（又名《一颗找回自我的心》）的书，引起了社会的普遍重视。1909年2月，在纽约成立了"美国全国心理卫生委员会"，从而促进了人们对心理健康的重视。心理咨询的发展与心理卫生运动的开展是密切相关的。

三是心理测量运动和个体差异的研究。第一次世界大战期间，由于美国军队面临着对征募来的士兵进行甄别和分类的需要，因而心理学家需要运用心理测量方法来识别和淘汰智力不足者，并使新兵人尽其才。战后，军队使用的各种测验转为民用，促进了对心理测量的研究。心理测量的研究和运用为职业指导及心理咨询提供了有效的手段。

四是一种非医疗的、非心理分析式的咨询和心理治疗模式的诞生。第二次世界大战的爆发，20世纪30年代经济大萧条局面的缓和和所产生的社会变化，使得心理咨询超出了教育和职业的领域，而开始更多地为民众的心理适应、情绪调节、人际相处、心理保健等服务。1942年，人本主义心理学家卡尔·罗杰斯的《咨询与心理治疗》一书的出版标志着一个心理咨询新时代的到来。他在书中提出的观点改变了长期以来的认为只有经过专业训练的精神科医生才能从事咨询、治疗的看法，他认为一个没有医学学位的人也能从事心理咨询，咨询内容扩展到人生的各种问题，也涉及变态行为问题，于是大大地推动了心理咨询的发展和咨询领域的拓展。"咨询"一词就是他第一个提出来的。英国心理学家汉斯·艾森克1952年对心理治疗的效果进行了质疑，他认为：心理治疗与病人康复之间的相关似乎是反向的。艾森克的观点招致了无数的批评，但激发了研究者对心理治疗效果进行研究的热情。

五是各种社会的、经济的因素促进了心理咨询的发展。第二次世界大战后，由于大量的退伍兵、伤残者面临个人的适应问题和职业适应问题，也由于更多的学生有机会接受高等教育以及民众越来越需要心理学的服务，同时由于美国心理学会（APA）在规模、地位、影响上的发展以及政府和基金会对职业指导、心理咨询研究的财政支持，等等，所有这些因素都有力地促进了咨询心理学学科的发展和心理咨询工作的开展。

2. 我国心理咨询的发展

在我国心理咨询发展过程中，尤其引人注目的是高校心理咨询活动的蓬勃开展。可以说，高校心理咨询队伍已成为目前我国心理咨询行列中人数最多、活动最频繁、发展最快、专业化水平比较高的一支生力军，对广大青年学生的身心健康、全面发展产生了积极的影响，并辐射到社会各个领域。

纵观我国心理咨询的发展现状，笔者认为可概括为以下主要特点。

其一，心理咨询领域不断拓展。在我国，心理咨询由精神病院、综合性医院扩展到了高校、中小学及政府部门、企业、社区、军队、监狱等。咨询内容由最初的对心理疾病患者的咨询、治疗较快地扩展到对正常人的心理咨询和心理教育，从而形成了从对正常人的心理指导和帮助到对心理疾病患者的心理矫正、治疗这样一个连续的心理咨询服务体系。医院、学校、社区、企事业单位等各司其职又互相配合，形成了较合理的工作结构。

其二，心理健康教育队伍逐渐形成合力。一批从事心理学、医学、教育学、社会学以及思想政治教育等研究和实践的专家、实务工作者互相学习、共同协作，开拓心理咨询这一新领域，形成了颇具中国特色的心理健康教育队伍结构，一支专兼职、多学科、老中青相结合的心理健康教育队伍已经形成。

其三，各种心理咨询理论和方法被广泛借鉴、使用。多种心理咨询与治疗的流派被介绍到国内，但以精神分析理论、行为主义理论、人本主义理论、认知理论、后现代疗法等使用最多，多以模仿为主。心理咨询或者说心理健康教育的本土化议题已开始得到重视，是未来发展的必由之路。

其四，各种心理咨询培训频繁。在心理咨询、心理健康教育蓬勃发展的形势下，培养足够数量和质量的心理健康工作者已成为当务之急。为此，全国各地心理健康教育培训形成了热潮。值得一提的是，教育部思想政治工作司先后发文组织举办了高校心理咨询（后来是心理健康教育）骨干教师培训班。特别是2002年，国家劳动部（现国家人力资源和社会保障部）组织开展的心理咨询师职业资格认证考试，截止到2017年4月，已有近90万人获得了国家心理咨询师职业资格证书。这些都为我国开展心理咨询、心理健康教育培养了一大批工作者，他们正在成为各心理健康教育机构的骨干，同时，为更大规模的心理咨询、心理健康教育高潮的到来准备了力量。

其五，缺少必要的专业训练。在美国和欧洲地区，对开展这项工作的人员是有严格的专业要求的。如美国要求专业人员具有临床心理学博士（心理治疗家）、哲学博士和教育学博士（咨询心理学家）的学位。相比之下，我国从事这方面工作的人员大多数没有接受过专业训练。目前我国已有人注意到这方面的问题了，一些有识之士提出心理咨询门诊不是什么人都可以开设的，鉴于我国目前的状况，开诊者至少应受过专业培训班的训练。在 20 世纪六七十年代，英、美等国的心理咨询与心理治疗工作者，曾要求以法律形式规定从事此专业人员的专业资格，因为他们认为一些江湖骗子打着心理咨询与心理治疗的幌子败坏着心理咨询与心理治疗的名声。相信在不久的将来，这一问题也会提到我们的议事日程上来。1990 年至 1992 年中国心理学会医学心理专业委员会及中国心理卫生协会心理治疗与心理咨询专业委员会几经讨论，草拟了一份卫生系统心理咨询与心理治疗工作者条例，刊登在 1993 年的《心理学报》上。希望这一条例在不久的将来能够得到上级主管部门的认可并付诸实施。

其六，我国目前的心理咨询与心理治疗工作尚缺乏自己的专业刊物。随着心理咨询与心理治疗工作的进一步发展，应创办必要的刊物，以便有关人员了解国际、国内心理咨询与心理治疗的新进展和交流经验。这将有助于专业人员业务水平的提高，弥补专业训练的不足。

3. 心理咨询的范畴

心理咨询的范畴包含心理咨询师的定义范畴，心理咨询的定义范畴和心理咨询服务的社会学范畴等。根据我国的《心理咨询师国家职业标准》对心理咨询师的定义：心理咨询师是运用心理学以及相关知识，遵循心理学原理，通过心理咨询的技术方法，帮助求助者解除心理问题的专业人员。这其中界定了心理咨询师的专业、知识、职业、方法、咨询关系等相关范畴，也界定了心理咨询师与求助者的关系，而特别应当指出的是心理咨询师的工作方法是应用心理学的方法，而非医学的方法，当然也就是非药物方法。

而心理咨询工作也与政治思想工作不同，与德育工作也是有区别的，首先心理咨询虽有教育功能，但没有政治思想工作中的道德观、人生观、价值观的灌输、塑造功能，心理咨询需遵循心理学原理或理论，其理论虽有哲学渊源但已不是历史唯物主义和辩证唯物主义的宣讲和对人的思想的建设、规范和教育，心理咨询的关注点更多的是在帮助求助者具体地摆脱消极情绪的困扰，明确自我认识，提高对自我心理特点的自省，从以上特点看，首先其基本理论、原则、方向上都是与政治思想工作或德育教育不可互换或互相替代的。其次，政治思想工作或德育与心理健康教育及心理咨询虽然都触及人的思想和灵魂，也都有一定的价值导向、人文导向作用，但德育首先是规范，尤其是行为规范下的心灵净化、激励，思想方面的道德、良知、理性的理解和建立。而心理学工作所探讨的应是人的深层、内在的感悟、感知、情感、气质、性格，甚至是"无意识"（潜意识），而且应当是学生乐于接受的内容和方式，这也是一般的政治思想工作不会触及的心灵的深层内容。或者我们可以借用一个比喻，即政治思想工作是一个人的"理性"建设，是在国家、法律、政策、政治方向等的基础上，培养一个人的道德、规范、文明行为等方面的作用，而心理学的学习、教育，包括接受心理咨询，则是一个人的胸襟、情感、情趣、气质、修养的提高和升华，是一个人的"感性"建设。如果说二者之中有相互交叉和共同点的话，那德育更倾向于接受"规范"，而心理健康的发展，更倾向于"兴趣""性情"的培养和"潜移默化"。第三，如果说德育的目标是着眼于社会伦理、秩序、规范、人与人关系中的文明的话，那心理健康的教育，心理健康的维护、发展应着眼于人的内在的心理平衡、和谐、健康、人格的健全。这最终虽然也会涉及人与人的和谐，甚至还会使其进一步达到人与自然的和谐，家庭和谐，社会和谐，但着眼的重点是人内在精神积极、活力、调和、自主和自制。

4. 心理咨询的原则

心理咨询的原则，一般是指在求助者接受心理咨询的帮助时，心理老师或心理咨询师会遵循的相关原则，这些原则是所有从事此类工作者所共同遵循的相关原则，其目的是保证心理咨询工作有一个科学化的规范，也是保证能够真正实现心理咨询的效果。由于从事心理咨询工作的专业人员所接受的教育训练的背景不同，所以，一般在咨询中会强调不同的原则的侧重点，但是正因为如此，具体的某个心理老师或心理咨询师所重视或强调的原则重点恰恰是为了完成咨询目标服务的，对于求助者是有益的。

心理咨询一般会遵循的专业原则有：尊重原则、交友原则、保密原则和信任原则、预防性原则和疏导性原则、发展原则、计划性原则和针对性原则、重大决定延期原则等。

（1）尊重原则

尊重，是指心理咨询师对求助者的尊重。当然，求助者不论是大学生还是别的职业的人，对待帮助自己的心理老师，或心理学家、心理咨询师也应当尊重。这方面我们就不重点讨论了。而作为心理老师或心理咨询师，尽管学生无论是在学识、经验上还是在社会地位、经济实力等各方面都可能与之有较大差距，但作为老师，尤其是心理老师特别强调应该平等待人，尊重学生。这种尊重有多重含义和作用，首先，尊重求助者体现了心理咨询师的职业道德，心理咨询师不得因求助者的性别、年龄、职业、民族、国籍、宗教信仰、价值观等因素对其歧视。举例来说，作为职业道德要求，心理咨询师不得歧视如女性、少数民族或者是普通劳动者、弱势群体成员、弱小国家的外国人，甚至是自己不喜欢的某个宗教信仰者等。

（2）交友原则

当一个人有了烦恼的时候，特别愿意去找朋友诉说。可是，不知你想过没有，为什么他不先去找父母、兄弟姐妹、伴侣、领导等诉说，而首选的是朋友呢？你会说，这还不简单吗？朋友能理解你，能包容你，但是又不会像妈妈那样唠叨和担心，不会像爸爸那样批评和教训你。去和伴侣说？找领导说？我脑子有毛病了吧？好了，不说了，你懂的！在心理咨询中建立一种特有的交友关系，除了以上所述求助者的这种心理因素以外，从心理学专业来看，还有以下几层含义。

①同盟性质的关系。格林森作为一个心理学家最早提出"同盟"的概念和专业术语。他认为在心理咨询或心理治疗的人之间，是一种有共同目标的合作伙伴关系。咨询师和求助者要相互配合才能进行工作。这就如同一条船的两支桨，如果只有一支桨在用力划水，那这只船不但不会顺利前行，还有可能会原地打转。所以这种同盟性质的伙伴关系是互相理解、互相支持的。再有，这种同盟关系有利于求助者提高自尊，利于求助者产生积极态度，更有勇气去探索新的认知心理。

②理性、建设性的朋友关系。这种朋友关系是比一般的朋友更理性、更新的人际关系。如果求助者过去的烦恼是由糟糕的人际关系引起的，那咨询中建立的这种人际关系就更加具有建设性，且这种新型的人际关系应当会使求助者建立新的自信和自立精神。而且这种新型的理性的朋友关系，并不代表着抛弃温暖、热情、知心和尊重，而是更加全面完整的、健全的人格基础上的独立、自尊、自信和更有能力的人之间的理性的朋友关系。所以，也更有利于求助者在更加深入地审视自己过去的人际关系的同时，在心理咨询师的帮助下学会建立自己新的有积极意义的人际关系。

③有限制的特殊友谊关系。心理老师或心理咨询师虽然因为工作的特殊性了解了求助者的很多不为人知的内心愿望、矛盾、痛苦、情感等，但出于专业工作本身的要求，又有职业性的限制。例如，不得与求助者尤其是异性建立非工作的个人情感关系，不得建立谋取私利性质的关系。另外，还有一些限制是咨询本身所赋予的，如时间限制，每次会谈有一定的时间限制，咨询的时间不论是数次、数周还是数月也还是有限制的。咨询结束后，咨询关系也告一段落了。由于责任限制，心理咨询师不能越俎代庖，去替求助者完成或替求助者解决求助者应当自己处理的生活问题。不过尽管有这些限制，心理咨询师是求助者的有特殊友谊的亲密朋友，相互之间交流的情感、信息又是超过了一般朋友或社会利益关系的。这种性质的朋友关系看似限制过多，可能会让双方不愉快，而实际上恰是因为这

种性质的朋友关系，减少了很多不必要的不良影响和威胁的可能性，增加了求助者的安全感，会更加利于咨询工作的开展。

（3）保密原则和信任原则

心理咨询历来特别强调的一个原则就是保密原则，其实这一原则还包含一个密切相关的原则即信任原则。

首先我们说说信任原则。就是说求助者来向心理老师咨询或者向心理咨询师咨询，必然会谈到个人内心的活动，涉及个人的一些原来没有和别人说过的、不为人知的小秘密。那他（她）如果不是对心理老师或心理咨询师特别信任的话是不可能去说的，但心理老师或心理咨询师不是自己的父母或特别熟悉的人，求助者为什么会信任他呢？其实这个道理也并不复杂，这就像我们去找医生诊病，医生我们也不一定熟悉更不大可能是我们的家人了，但我们相信这个职业的人的专业性，包括他的专业知识、职业操守、职业道德和作为这个职业从业者的高尚品格。相信他在用专业知识和经验帮助我们的时候不会伤害到我们。像医生，我们会向他暴露我们的羞于示人的身体隐私，面对心理老师或心理咨询师，我们会暴露我们内心深处的心理活动。同样我们相信他（她）的职业道德和职业操守的原则不会让我们受到伤害。

还有就是作为心理老师或心理咨询师，面对求助者在尊重他（她）的同时，对求助者应具有包容性。这也是求助者对心理咨询师信任的基础之一。当然，心理老师或心理咨询师对求助者也应当是信任的，如信任他（她）是诚实的或基本上说的是实际情况。这就是信任原则的基本概念。

（4）预防性原则和疏导性原则

心理咨询特别强调预防性原则和疏导性原则，这些原则的核心是"实事求是"。人的心理是复杂的、丰富的，心理咨询的目标也是多层次的、多样的，虽然也有一些心理咨询是单一性目标，但也不是简单目标。求助者的心理烦恼、痛苦希望尽快被处理掉，这种心情可以理解，心理老师或心理咨询师对很多心理问题的处理也很有经验，很多大学生所提出的或遇到的心理问题对心理老师来说可能早已是常见问题。但对于求助者个人来说就不会觉得司空见惯，也不会在心理老师的点拨下一下子就豁然开朗、柳暗花明、迎刃而解，而且每个人心理上总会有因为自己的性格等因素形成的"心结"。更何况心理咨询也要遵循一定的心理学的科学规律循序渐进地进行，也就是说心理老师或心理咨询师要根据求助者提出的问题及解决问题的条件予以梳理，审时度势，春风化雨般地滋润心田，最终做到水到渠成，而不能揠苗助长、急于求成。所以，心理咨询一般来说都需要一定的时间和次数，不可能一蹴而就。

（5）发展原则

心理咨询的目标不应只是局限于消除来访学生的心理失调和障碍，更应为促进全体学生发展服务，帮助全体学生提高适应能力，建立起内外协调的良性发展机制。

（6）计划性原则和针对性原则

大学生在进入大学以后，通过心理健康教育，愿意积极、主动地接受心理咨询，并希望通过心理咨询获益，这对大学生个人成长来说是非常有实效和有积极意义的。对个人来说，这种积极性应该得到保护。不过大学生还应当明确的是，心理咨询虽然有这样的作用，但不能急于求成，心理咨询虽然对一个人的心理发展、心理健康等很有帮助，但不能指望一次或一个短期的心理咨询就能够把所有的需要调整的心理因素都包罗进去，全面改观。而只能是从某一方面入手，有计划、有方向地做工作，一个一个地解决问题，这就是我们心理学家常说的计划性。而每次就某一具体的求助者所反映的，或经心理咨询师与求助者共同讨论确定的某一心理问题进行咨询，这在心理咨询中被称为针对性。

（7）重大决定延期原则

心理咨询期间，由于来访者情绪过于不稳和动摇，原则上应规劝其不要轻易做出诸如退休、调换工作、退学、转学、离婚等重大决定。在咨询结束后，来访者的情绪得以安定、心境得以平和之后做出的决定，往往不容易后悔或反悔的概率较小。因此应在咨询开始时予以告知。

（二）心理咨询的作用

1.满足大学生心理咨询的需要

一般而言，大学生正处于青春期，这一阶段的学生心理状况相对复杂，往往既成熟又幼稚，理想与现实、主动与被动等心理特点并存。与此同时，大学生思想相对开放，接触新鲜事物的愿望相对较强，在社会不断发展、价值观日趋多元的时代环境下，各种思想观念给当代大学生带来的影响也越来越大，他们希望借助各种途径进行表达和交流的需求也日益强烈。因此，通过心理咨询技术与大学生进行心灵方面的交流，能够有效借助面对面的咨询、交流，满足大学生解决问题、增强适应能力和促进心智健康成长的需要，为大学生进行心灵交流和心理咨询提供重要的条件。

2.有助于辅导员工作创新

社会的不断进步对大学生的发展和成长产生了很大程度的影响，如果在现阶段进行学生思想政治教育时高校辅导员仍然使用传统的管理模式，在对学生进行评价时只使用道德的标准，在对学生进行教育时使用说教的方式，用自身的价值观以及道德观对学生进行约束，势必会对最后的教育结果产生不良影响。所以，为了与时代的变革以及发展相适应，高校辅导员也应该创新自身的工作。对传统学生管理中的不科学之处进行剔除，在处理学生问题时不仅仅对学生进行单纯的批评教育，而是通过对心理咨询技能进行合理运用，在轻松、开放、平等的环境下与学生进行有效交流。这样做能够有效地减少学生对辅导员思想教育的抵触心理，能够帮助高校辅导员对学生的想法进行更加深入的了解，从而能够为学生提供更好的帮助，这样一来能够帮助高校辅导员更加顺利地开展工作。

3. 实现高校心理健康教育的拓展与延伸

借助心理咨询技术开展大学生心理健康教育教学，能够帮助高校和教师进一步贯彻心理健康教育教学的课程标准与要求，同时还能借助各类外部要素对大学生心理状态进行引导，对高校心理健康教育教学进行拓展和延伸。利用心理咨询技术对大学生进行心理健康教育与辅导，能够帮助学校和教师立足于心理健康教学的需要，不断将真实生活渗透进心理健康教育中，通过学校内外要素引导学生进行心理素质培养，对心理健康中的道理、感情、观点进行体会；并借助信息互通和交流将心理健康教育中的事实、概念、原理、技能进行传达和教学，引导学生对相关知识进行融会贯通，帮助学生形成更丰富的体验和感悟，从而实现高校心理健康教学向外界的拓展和延伸。

（三）心理咨询在高职院校的应用

1. 通过倾听了解学生真实心理状态

创设平等的师生关系，真诚地倾听学生对心中想法的表达，能够很好地展现学生的心理状态，这对于有效咨询和解决问题有很大帮助。因此，教师应积极通过倾听了解学生真实的心理状态，在学生表达自身内心想法时做到不嘲笑，为学生答疑解惑，引导学生形成积极、健康的心理状态。具体来说，教师应借助心理咨询技术，面向所有学生进行咨询，在课堂上用语言、眼神、身体姿态、表情等来鼓励学生进行自我表达，为学生表达内心所想提供鼓励，从而使学生勇敢地表达和沟通。例如，教师可以借助"是否送父母去养老院""中国式过马路"等社会热点话题来让学生表达观点，进行师生间的交流，倾听学生对各种问题的想法，借此来探寻学生的心理状态；并借助师生互动这种形式引导学生树立正确的价值观念，让学生在学会自我表达的同时学会正确的思考方式和思路。

2. 借助自我表露实现共情

教师应在心理健康教育教学中借助自我展现来实现与学生之间的共情，通过自我开放和学生进行密切的情感交流，从而为更好地进行咨询和了解创造便利的条件。教师应以真诚的态度为基础，将自身的观点、思想、情感、经验传递给学生，通过师生间的交流获得学生对教师的认同，从而引导学生更好地对心理状态进行表达和阐述。例如，教师可以借助"医生是否可以收红包"这一话题来和学生进行讨论，师生各自从自身的情感出发进行问题的探讨，从而实现师生间有价值、有意义、有目的的沟通。

3. 心理咨询与危机干预结合

高校心理咨询不仅需要对学生的心理问题进行评估，并及时地进行咨询疏导，更应当进行发展性和适应性的心理咨询。

发展性咨询的要点是发展以及预防，即让心理咨询从服务于极少数心理障碍人群转变为服务整体。这为当今的心理咨询工作的开展指明了研究方向，开拓了更加宽广的空间。高校心理咨询中心应重视发展性心理咨询，定期开设心理健康课程，使得学生的心理健康相关知识更加丰富；通过开展心理评测，对大一新生建立起心理健康档案，并以此为基础为学生制订生涯规划，且针对不同团体制定专门的团体辅导课程。

大学生在遇到突发的重大事件时，是极有可能造成心理危机的，这个时候实施正确的干预措施，对于心理危机的干预是极有意义的。特别是在面对一些极端情况的时候，例如存在自杀倾向时深入进行研究，探讨出正确有效的干预方法。另外，将发展性心理咨询和危机干预相结合，在心理危机干预的过程中争取其他社会系统的支持，使大学生能够更快且更好地调节自己的心理，尽快恢复到正常的学习生活中来。

4. 引导大学生加强心理疏导

高校和教师都应借助心理咨询技术，引导大学生对自己的心理状态形成明确的认知和了解。引导大学生自己从"自律""自省"的角度出发，构建起正确的内部力量，借此来引导其最终形成积极、正面的心理与行为观念，更好地应对自己面临的心理压力。在心理咨询过程中，教师应引导学生在学习过程中积极通过各个课程和各类知识的学习来充实自己，帮助其自身形成良好的知识储备，并积极通过各种途径引导学生了解社会形势和变化，为其结合时代需求提升能力奠定重要基础，同时为自身更好地适应就业需要、提升自身适应能力提供更多支持。

例如，在对待恋爱关系上，引导学生努力形成正确的恋爱观；在面对挫折或困难时不选择逃避，而是用积极的心态去面对；利用转移注意力等方法，借助对知识的学习、与他人沟通以及参与各类活动来舒缓自己面临的压力，对学生心理问题进行疏导和解决。

5. 做好关注与评价

高校应该密切关注每一位大学生的性格特点、家庭背景、个人特长等，用公平、公正的态度对待学生的学习情况和心理健康情况，对家庭条件较差或心理状态不好的学生加强面向个人的咨询和考察，努力做到平等对待每一个学生，通过关注、考察和评价帮助每一个学生树立健康的思想观念。同时，高校应积极面向大学生群体做好整体的考察和评价，帮助大学生群体对自身心理状态形成全面的认知，并针对不同的个体制订相应的改进计划，利用课堂内外的咨询和疏导，帮助大学生树立解决困难和迎难而上的勇气。这就意味着高校有必要设计相关心理测评环节，利用针对学生个人的咨询来获得学生心理状态，形成关于学生心理与思想的总结，掌握学生具体的心理健康教育需求，以此为依据制订相应的教学计划。这样可以帮助学生对自身思想观念形成正确的判断和认知，从而给自身寻找更为合适的改进方法和思路，为自身心理状态的调整提供更为丰富的依据。

第四章 高职院校大学生心理健康教育

心理健康问题需要心理健康教育来解决。心理健康教育是大学生的必修课程，对大学生的心理健康有重要意义，本章内容包括高职院校大学生心理健康教育概述，以及心理健康危机的干预。

第一节 高职院校大学生心理健康教育概述

一、心理健康教育的内涵及学科界定

心理健康教育的内涵有广义和狭义之分。广义的心理健康教育是指一切有助于提升心理健康的宣传、活动和教学等。凡是有助于解决心理困惑和心理问题、提升心理素质和能力、增强个人能力和幸福的教育活动都可被称为心理健康教育。狭义的心理健康教育是指为促使学生心理素质的提高所进行的课堂教学活动。心理健康教育亦指学科专业，即心理健康教育的专业方向和专业研究。

中国高校的心理健康教育诞生于 20 世纪 80 年代中期。30 年来，我国高校心理健康教育取得了很大的进展，这是各种因素共同作用的结果，我国高校心理健康教育诞生和发展，并不是偶然的，不是个别人脑子里想出来的，而是有着深刻背景的。

作为教育活动的心理健康教育主要包括课堂教学、心理健康的宣传和实践活动三个部分。我国心理健康教育的课堂教学是 20 世纪 80 年代在高校兴起的，为了帮助学生解决心理问题，教育者运用心理学的方法和手段，根据学生的具体情况和心理特点，逐渐发展心理健康教育。心理健康教育不是心理学的专业教育。有人认为心理健康教育就是心理学教育，其实不然，二者是有很大区别的。心理学教育是心理学专业的课程教育，它的教育对象是心理学专业的学生，教学内容为心理学各分支学科的知识，目标是掌握心理学专业知识，为以后从事与心理学

相关的研究工作或实务工作做准备。而心理健康教育的对象广泛得多，覆盖所有的受教育者，它是在专业之上的人文素质教育。它把心理学中有关心理健康的专业知识提炼出来，系统地教授给学生，把心理学应用于学生的实际生活，并以促进其心理健康、提高其心理素质为目标。如果把心理健康教育等同于心理学的专业教育，它的学科归属就是心理学，如上述原因，这样的划分是不当的。

作为专业方向的心理健康教育是指一个学科领域，有其研究对象、研究方法和内容体系。其研究对象为心理健康的养成和促进规律及其实际应用，其研究方法为心理学的研究方法、教育学的研究方法和思想政治教育的研究方法及这些方法的相互结合，其内容应具有完整的理论体系。

我国的心理健康教育是思想政治教育的组成部分，它既是思想政治教育的一项内容，也是思想政治教育学科的一个专业。

把心理健康教育划归为思想政治教育学科是有一定依据的，心理健康教育中的一部分可以成为思想政治教育的一部分。两者既有区别又有联系，可以相互借鉴。

首先，它们的教育目标有相同之处。在本质上，心理健康教育所做的工作是人的思想工作，这项工作的最终目标是培养健全的人格，而思想政治教育的目标之一是培养全面发展的健全的人，因而在教育目标上它们是有相同之处的。其次，它们的教育内容有交集。思想和政治有密切的关系，如果二者不是协调一致的话，就会表现为个人与外部世界的冲突。人的思想是人心理内容的一部分，人的思想要与社会的意识形态、主流的价值观保持和谐一致，只有这样才能达到基本的心理健康。由此可见，心理健康教育与思想政治教育是有重合的部分的。再次，思想政治教育专业的领域是宽泛的，它涉及人思想的所有领域，因而一直有"大思想政治"的说法，"大思想政治"必然包含心理健康教育。最后，教育者的归属影响着学科归属，最初从事心理健康教育的人大多是思想政治教育者和工作者，人员的行政归属影响其所从事的专业研究方向的归属，把心理健康教育归于思想政治教育专业是有历史原因的。心理健康教育归属于思想政治教育学科，这并不意味着它没有自己独特的特色。在教育内容上，心理健康教育更多地涉及心理学专业知识，有关个体的自我认识、自我协调的内容是其主要内容，它与个体内在的思想活动联系得更紧密，与思想政治教育的其他专业方向相比，更聚焦于个体的微观世界。

二、我国心理健康教育的兴起

我国的心理健康教育兴起于 20 世纪 80 年代的高等院校，是在一定的时代背景和相对成熟的主客观条件下发起的。

1978年开始的改革开放到20世纪80年代中期已显现一些成果,社会发生了变化,有一部分人先富了起来,整个社会呈现流动变化的状态,同时国外各种思潮随着开放大潮涌入我国,给人们尤其是青年学生带来了思想的冲击。

时代的变化、思想观念的复杂多样给一些青年学生带来心理困惑和心理问题。世界性的心理卫生运动随着1985年中国心理卫生协会的正式成立开始逐渐影响中国大地。心理卫生运动旨在维护和促进人类心身健康、提高生活质量、预防和治疗心理疾病。20世纪80年代世界范围内尤其是中国所开展的大量的心理卫生宣传、教育、实践活动,为高校开展心理咨询工作制造了舆论、营造了氛围、培训了人员、提供了资料。

在这样的时代背景下,传入我国的西方心理健康、心理咨询的理论和实践,启发了迫切要解决学生心理问题的思想政治教育工作者,促使他们在原有的思想政治教育的基础上运用心理学的方法解决学生的心理问题,我国的心理健康教育由此应运而生。

我国的心理健康教育是自发地从个体心理咨询和团体心理咨询开始的。高校思想政治教育的教师在做学生的思想工作时,发现学生存在心理问题,了解到学生需要相关的辅导,于是尝试学习借鉴医学领域的心理咨询、心理治疗的理论和方法,学习国外心理咨询的方法,尝试对学生做个体心理辅导和团体心理辅导。我国最早的心理咨询出现在医院,主要是在医院进行心理咨询和心理治疗。高校早期的个体心理辅导还不是严格意义上的心理咨询,它在设置上不像严格意义上的心理咨询,更多的是依赖建立的信任和支持的关系产生效果,但它和传统意义上的思想政治教育工作也有所不同,它更多地倾向于倾听和理解,而非道德评价和教育灌输。到目前为止,大部分高校都建立了设施较完善的心理咨询中心。

大学生"心育"在我国兴起,是社会主义建设发展的客观要求,同时又是高等教育与心理科学自身建设的需要。其契机是1984～1989年,大量留学人员归国,宣传"心育",开展心理咨询活动。1985年6月,北京师范大学成立了心理测量与咨询服务中心,之后,清华大学、浙江大学、上海同济大学等高校也陆续成立心理咨询中心。到1986年年底,全国有多所高校建立了心理咨询中心。1987年2月浙江大学第一个开设大学生心理卫生课。此后,我国"心育"开始迅猛发展,取得了巨大的成绩。

早期心理健康教育的目标是解决心理问题,预防心理疾病。我国高校早期的个体心理咨询是为了解决学生的心理困惑和问题,最初的团体心理咨询大多数也是为了解决团体共有的困惑和问题，比如适应问题和人际交往的问题。而随着心理健康教育的发展，目标设定上有所变化，不再停留在解决心理困惑和心理问题的阶段。

三、我国心理健康教育的发展

我国的心理健康教育已经有了三十多年的发展，目前的发展态势仍然向好。

学校的心理咨询工作发展迅速。在此把心理健康教育界定在学校教育活动的范围内，因而只论述学校范围内的心理咨询。借鉴医疗机构心理治疗的学校，其个体心理咨询的发展过程，大体分为三个阶段：准备阶段、初步发展阶段和迅速发展阶段。第一，1978 年至 1986 年是高校心理咨询的准备阶段。这一时期，在学术期刊上发表了一些有关心理咨询和心理治疗的文章，出版了一批西方心理治疗家的著作，如弗洛伊德、荣格、弗洛姆、霍妮等人的著作，各种不同形式的心理咨询和心理治疗讲习班、培训班，为高校思想政治教育工作者提供了知识储备。20 世纪 80 年代初，上海、北京的一些高校相继开展了大学生心理咨询工作。1985 年北京师范大学心理测量与服务中心成立。第二，1987 年至 1991 年为我国高校心理咨询的初步发展阶段。1987 年以后，医学界心理咨询和心理治疗进入正常的发展轨道，出版了一系列学术专著和一定数量的学术论文，同时中国心理学会和中国心理卫生协会于 1993 年颁布了《卫生系统心理咨询与心理治疗工作者条例》，这对我国心理治疗和心理咨询工作的规范化起到了较大的作用。这些学术成果、组织机构和规范条例促进了高校心理咨询工作的开展。1991 年在北京师范大学召开了"全国大学生心理咨询专业委员会成立大会暨首届学术年"，100 多位高校代表参加。第三，1991 年至今，我国高校心理咨询工作进入迅速发展的时期。高校心理咨询工作得到国家的大力支持，教育部下发一系列文件强调和重视大学生的心理健康教育，并在资金上有所投入，到目前为止，几乎所有的高校都建立了设施较完善的心理咨询机构。高校心理咨询的工作人员逐渐增多，并越来越专业化，各种心理咨询的专业培训不断引进，心理咨询的技术和方法也大量涌现，有关高校心理咨询的学术论文和学术专著数量激增，建立了相对完善的心理咨询工作体系，心理测查和危机干预成为专业化、常规化的工作。我国心理健康教育（特别是心理咨询）发展很快，当它走出精神病院的大门走向社会时，当心理咨询从面向心理疾病患者发展到主要面向正常人的心理调节、社会适应和人格发展时，它就获得了强大的生命力和广阔的发展前景。心理咨询范围从精神病院扩展到综合性医院之后就迅速地发展到高校，而一旦在高校立足，又迅速地辐射到中小学和社会其他领域；心理咨询内容从起初较为严重的心理障碍扩展到身心疾病、各种心理失调，直到广泛的心理适应、婚恋、求学、择业、人生发展、生活质量提升等；工作人员从精神科医生发展到有心理学、医学界人士参加，发展到现在还包括了众多的教育、社会工作者在内的广大人群。这些变化使心理咨询、心理健康教育由为少数人的服务转变到为多数人乃至全体人服务，由精神医学领域的关注对象发展为医学、心理学、教育学、社会学等领域共同关注的对象，由障碍性咨询为主发展到障碍性咨询与发展性咨询相结合，由治疗转变为治疗与预防相结合，并越来越关注心理的健康和发展。

我国心理健康的课程教育经历了从自发到国家支持、从选修到必修、从预防心理疾病到激发学生潜能的发展历程。20 世纪 80 年代，高校的一些有识之士开始了心理健康教育的课堂教学，随后越来越多的高校开始了相关的课程。国家有关部门对学校心理健康教育工作高度重视，从 20 世纪 90 年代起制定了一系列的政策文件指导和规范高等院校的心理健康教育工作。国家从体制机制、师资队伍、教学体系、活动体系、咨询服务体系、危机预防与危机干预体系、工作条件等方面对大学生心理健康教育工作做了标准规定，教育部又发布《普通高等学校学生心理健康教育课程教学基本要求》重要文件，要求各高校根据学生培养目标，结合本校实际情况，设计心理健康教育课程体系。主干教育课程作为公共必修课设置 2 个学分，32～36 个学时。延伸教育课程可根据学生情况和需要分布在不同学期开设，并对心理健康课的课程内容和教学方法做了具体的规定。国家有关部门对学校的心理健康教育的政策规定促进了课程教学的发展。心理健康教育课程从选修课到必修课经历了一段时期。到 2008 年年底，大多数院校的心理健康教育课程还处于选修课的状态。在国家的大力支持和推动下，在心理健康教育工作者的努力下，大学生心理健康课程目前已成为必修课，各中小学也大多开展了心理健康教育课程。心理健康教育课程经历了从问题出发到挖掘学生潜能的不断发展的过程。早期的心理健康课程大多从问题出发，教学目标是增长心理学知识，预防心理疾病。随着教育的深入，对学生状况的了解和全球心理学的发展，我国的心理健康教育趋向激发学生的潜能，为更高质量的成长和身心幸福服务。

四、我国心理健康教育的现状和特点

我国的心理健康教育发展至今，在教学、科研和实际工作中已经取得了很大的成绩，与西方的心理健康教育相比具有中国特色。新时代对心理健康教育有新的要求，心理健康教育需要新的发展。

（一）我国心理健康教育的现状

我国心理健康教育虽然起步较晚，但是发展较快，到目前为止，已经取得了丰硕的成果。经过多年的发展，我国心理健康教育已经形成了一定规模的，包含心理咨询、课程教学和各种促进心理健康的活动及工作在内的完整体系。在心理咨询方面，目前全国高等院校基本都设有专业的心理咨询机构，能够开展个体咨询、团体咨询及与心理健康有关的各种日常活动。在课程教学方面，心理健康教育的课程教学也有了巨大的发展：从零星的高校开展心理健康教育，到大部分高校开设了心理健康教育选修课程，再到今天的大部分高校已经将心理健康教育课程设定成每个大学生的必修课程。在教学理念上也有所进步，从早期的预防心理疾病到今天以积极心理学为主的促使健康成长和潜能激发。在心理健康工作和活动方面，学生工作部门及各种心理社团开展大量的日常工作和大型活动。以北京高校为例，常规性的心理健康教育工作有新生心理健康状况普查、危机干预等，还有心理协会和心理社团的活动，大型活动包括每年5月举办的"525（我爱我）"大型活动，在此期间学生可以参加各种有关心理健康的讲座、心理剧、团体辅导等活动。在科学研究方面，有关心理健康的科研成果大量涌现，教材、著作、论文数量可观，目前积极心理学的心理健康观和借鉴优秀的中国传统文化进行心理治疗成为研究的热点。在人才队伍方面，按照2011年教育部办公厅印发的《普通高等学校学生心理健康教育工作基本建设标准（试行）》对每所院校配备至少2名专职心理咨询师的要求，我国部分高校已达到或超过此标准，从事心理健康课程教学的专、兼职人数超过学校专、兼职心理咨询师的人数。教育部对中小学的心理健康教育也做了相关规定，相关的人才队伍正在不断扩大中。目前，心理健康教育的领军人物以思想政治教育专业为学科背景的占少数，以心理学专业为学科背景的占多数。总之，经过30多年的发展，我国心理健康教育已经成体系、成规模。

目前，我国的心理健康教育仍然存在一些问题和挑战，主要包括以下几个方面。

第一，学科归属及从业人员的心理认同问题。从历史传统、教育目标和我国思想政治教育的任务来看，心理健康教育是马克思主义一级学科中思想政治教育二级学科的一个研究方向，但目前我国高校各马克思主义学院大多不重视甚至不存在此研究方向的培养计划，在专业培养上没有形成稳定和系统的发展规模。

目前只有有限的几所院校设置心理健康教育专业，比如北京师范大学全日制教育硕士研究生、华南师范大学教育科学学院。在我国高校应用心理学专业中，很少有学校设置心理健康教育方向的硕士研究生授权点，在可查询的资料中，只有中山大学和首都师范大学应用心理学系，在毕业去向中明确标明为心理健康教育培养人才，其他院校应用心理学的优势在于心理测量、心理咨询与辅导和管理心理与人力资源等方面。大部分心理健康教育专业的学习集中在自学考试中。在心理健康教育发展的30多年中，心理健康教育的专业人员存在归属和认同的问题，一些原本从事思想政治教育工作的人，自从开始从事心理健康教育，在学科归属上有更多认同心理学的趋向，具体表现为，工作身份归属于心理学院，评聘心理学教授。而近几年，广大心理学学科背景的辅导员和心理咨询师有投向思想政治教育的倾向，具体表现为，对思想政治教育有更多的认同感，投入思想政治教育工作的时间和精力大，攻读思想政治教育专业的博士学位等。从业人员的学科归属问题体现了学科的归属问题。这一现状不利于心理健康教育学科的发展。

第二，心理健康的课程教育需要有所突破。随着心理健康教育的推广，不同年龄阶段的人都会接受不同途径、不同程度的心理健康教育。与以前不同，当代大学生在中小学阶段已经学习了心理健康的相关课程，对心理学知识已经有所掌握，而且在网络上搜寻心理健康的知识轻而易举，但目前高等院校心理健康课程教育大体上是以传授增进心理健康的方法为主的专题式教学。在新时代，西方心理健康知识的传授、单纯增进心理健康的技术和方法的教学已经不能满足大学生的需求。另外，对心理健康教育投入还不够，对心理健康教育的投入应大于对心理咨询的投入。与西方尤其是与美国不同，我国的心理健康教育重点在课程教学。美国高校重视提供个体的心理咨询和服务，而非大规模的课程教育，这可能与美国的个人主义的价值取向有关，倾向私人化的解决方式。美国的模式对我国的心理健康教育有一定的影响，使我国的教育者对心理咨询投入更多，而对课程教育投入较少。我国与美国不同，课程教育可以使大多数人受益，这是适应集体主义文化的高效的方法。因此，应在心理健康的课程教育中投入更多。

第三，在教育理念上，以"矫治"为主，"发展"不够。随着社会竞争的日益激烈以及社会转型给人们带来的不适应，大学生的心理健康问题成为社会热点之一，针对学生出现的心理问题进行治疗和预防，这是必要的，但这种矫治型的"心育"并不充分。国家的竞争都需要具备综合素质的发展型人才，只有把"发展"作为"心育"的理念，贯彻于各项"心育"的过程中，开发大学生潜能，才是完善的。

第四，心理健康教育专业人员在数量上和素质上有待提高。大部分院校达到此要求，但教师数量与学生的总量并不相匹配，心理健康课程大班上课甚至是安排几次讲座可以说明这一点。学校虽有专业的心理健康教育与咨询中心的专职教师为全校师生提供心理咨询、危机干预，又有各教学系兼职心理辅导员开展系内的心理健康工作，这支队伍本身构成没有太大问题，问题在于系内心理辅导员同时也兼有其他辅导员工作，如寝室安全管理、学生入党资料整理、贫困生资助等工作，他们在心理健康教育教学专业化行进的道路上时间精力有限，无法做到心理健康专业知识的进一步精与专。我国心理健康教育的教师水平有待提高。在高校从事心理教育的专职教师缺口大，很多非心理学科班出身的辅导员兼职从事大学生的心理健康教育。在心理健康教育已经作为大学生必修课的新时期，完善和发展心理健康教育的学科体系成为我们必然要面对的问题。综上所述，我国心理健康教育进入了攻坚阶段。

第五，理念上以"矫治"为主，则必然将教育对象局限于"问题学生"，而心理暂时稳定却有潜在问题的学生，则游离在教育者的视野之外。这种情况也是目前我国"心育"事后弥补的一个重要原因。正因如此，目前的"心育"工作呈现出"辅导完一个，还有一批"的局面，"自育"任务越来越重，这是教育对象局限性所造成的必然结果。只有拓宽"自育"对象的范围，把全体大学生都纳入"心育"的范围之内，提高他们心理健康自我教育的能力，才能解决"辅导完一个，还有一批"的问题，这才是真正意义上的主动出击，才能将学生的心理健康水平提升到一个更高的水平。

（二）我国心理健康教育的特点

我国的心理健康教育有其独特的特点。

第一，问题导向。我国心理健康教育是从学生的实际需要出发，以解决学生的心理问题为其发展的直接动力，因而从个体心理咨询开始，随着学生心理问题的发展变化，逐渐发展出团体心理咨询和辅导、心理测评、危机干预等系统工作。在课程教育方面多为专题式的问题解决技术的介绍和训练。当前很多高校的心理健康教育课程都是以专题方式普及心理调节方法的，如情绪管理、压力管理等。教育部思想政治工作司组织编写的《大学生心理健康教育读本》和中共北京市委教育工作委员会组织编写的教材基本都是按照这一逻辑顺序编写的。问题导向使心理健康教育与学生的需要息息相关，能够满足学生的现实需要，解决实际问题，在教育内容和研究方向上越来越具体、细致。从中国知网查询的期刊文献来看，近年来心理健康教育的研究聚焦于具体的问题，比如有关择业、压力、团体心理辅导等，大多为具体的问题研究，少有宏观的把握。问题导向的局限是只关注具体问题，难以从整体的、系统的角度解决问题。这和西医的困境有些相像，西方医学的发展使各科越来越细化，头痛医头，脚痛医脚，没有一个全科来做系统的医治。而中医的优势在于其有系统的、整体的观点和方法，强调从系统和整体的角度看待病症，治疗疾病。西方的医学界和心理学界已经看到了中国文化系统整合的特点，并开始向中国学习。

第二，西方化的倾向。在心理咨询方面以引进西方心理咨询的技术和方法为主，到目前为止，心理咨询的培训和继续教育还是会聘请大量的国外专家。课程教育的内容和理论依据大多来源于西方心理学，如关于情绪管理的理论，大多会讲授美国心理学家埃利斯提出的情绪 ABC 理论。在心理健康教育中的所有专题内容及具体的心理调节方法大都是西方心理学的研究成果。同时，心理健康教育的研究方法和范式依循的也是西方心理学研究范式，目前市场上流行的心理学的专著大多也是西方心理学的译本，这些可以部分地证明我国心理学、心理健康教育在很大程度上借鉴了西方的成果。西方化的倾向，一方面，使我们吸取了人类文化的积极成果，站在了巨人的肩膀上；另一方面，可能使我们忽视中国优秀传统文化中有关心理健康的资源，不利于发展具有中国特色的心理健康教育理论。

第三，带有思想政治教育的特点和优势。虽然心理健康教育是自发兴起的，但是一经发展就得到国家的大力支持，在政策上给予指导，在资金上进行投入，在组织上设置全国性的专业机构，在人员设置上加大投入并做出规范性规定，使其在学校心理健康教育中充分发挥辅导员的作用，组织建立各种心理社团，并在各行政班设置心理委员一职，发挥群众的作用。这些做法与传统的思想政治教育方法相似。国家支持和全国性的群众组织是思想政治教育工作的优势，这一优势在心理健康教育中再一次体现。

第二节　高职院校大学生心理健康危机的干预

一、心理危机概述

（一）心理危机定义

心理危机是指人在面临自然、社会或个人的重大事件时，由于无法通过自己的力量控制和调节自己的感知与体验，所出现的情绪与行为的严重失衡状态。处在心理危机中的人或人群除了有典型的生理方面的应激反应障碍外，通常在情绪上表现为暴躁冲突或抑郁强迫、狂躁多语或孤独少言、痛苦不安或激情难抑、绝望麻木或焦虑烦躁等严重的情绪行为失衡状态。如果进行有效的干预，当事人自身就会重新产生"世界是安全的、可靠的"的理念，并努力达到与周围环境之间的平衡。心理危机出现并不可怕，只要当事人或人群能得到及时的、专业的心理服务与援助，就可以化危机为发展，促进人在心理上更快地走向成熟与完美。1954年，美国心理学家卡普林首次提出心理危机的概念并对其进行了系统研究。他提出，心理危机是当个体面临突然或重大生活逆遇（如亲人死亡、婚姻破裂或天灾人祸等）时所出现的心理失衡状态。每个人都在不断努力保持一种内心的稳定状态，使自身与环境相平衡与协调，当重大问题或变化发生使个体感到难以解决、难以把握时，平衡就会被打破，正常的生活受到干扰，内心的紧张不断积蓄，继而出现无所适从甚至思维和行为的紊乱，进入一种失衡状态，这就是心理危机状态。

（二）国外对心理危机的定义及其发展

由于心理危机理论的迅速发展，国外出现了许多关于心理危机的定义。有些学者认为，危机的产生是由于当事人清楚自身无法对某种情景做出恰当的处理。该想法使当事人处于困境并感到无能为力，且无法有意识主动地使现状产生明显变化，尤其出现以现有的生活条件和经验难以克服的困难时，当事人将陷入痛苦和不安状态。普努克鲁则认为危机是由于个体运用常用的应对、应激方式或机制难以处理目前内部或外部面临的情况时而出现的一种反应。而罗伯茨认为危机是一个心理失去平衡的时期，当事人遇到了由重大问题所导致的危机后果，或处于危机情境之中，而无法采用以往的应对策略应付此情境。格林兰和詹姆士给出一系列危机的定义：危机是重要生活目标受到阻碍时个体产生的一种状态，这种阻碍是指在一定时间内，使用常规的解决方法不能解决问题；危机是个体在一段时间里的解体和混乱体验，在此期间个体可能进行过多次尝试并经历多次失败；危机是生活目标受到阻碍所致，人们相信用常规的选择和行为无法克服和清除这种障碍。2003年美国加州大学的心理学教授克里斯蒂对心理危机的实质和发展过程做了更为合理和清晰的解释，即从危机内容的角度对心理危机进行定义，认为心理危机本质上包括三部分。

①危机事件的发生。

②当事人对危机事件的感知而产生的主观痛苦。

③惯常的应付方式失败，导致当事人的心理、情感和行为等方面的功能水平降低，处于心理失衡状态。

卡普林等人只将心理危机视为由困难情境引发的心理问题，强调了心理危机的危险性，却忽视了心理危机中蕴藏的机遇。因此有学者认为，危机中的"危"与"机"共存，当事人面临心理危机的结果与当事人的危机体验、人格特质相关。在面临危机时，一部分人产生极端痛苦情绪并导致心理处于失衡状态，但也有部分人不仅能顺利地渡过危机，而且将危机作为跳板，在其中习得了处理困境的新方法，使整个心理健康水平得以提升。

（三）国内对心理危机的定义及其发展

我国对心理危机的研究始于 20 世纪 90 年代，国内学者开始对心理危机进行研究并逐渐形成自己的观点，在这些研究中主要包括以下几类代表观点。

①我国学者蔡哲等人认为危机是个体运用寻常应对方式不能处理目前所遇到的内外部应激时所发生的一种反应。

②清华大学心理学系教授樊富珉认为心理危机包含两种含义，一种指突发事件，如当空难、地震、恐怖袭击等会出现心理的紊乱、紧张、焦虑等一系列消极情绪；另一种指由突发事件而引发的心理感受，例如由于一些危险性事件的刺激而引发人的心理失衡。心理危机中这两部分既存在不同，同时也密切相关。胡泽卿、邢学毅则从辩证的角度来看待心理危机，认为心理危机是一把双刃剑，危机中的"危"与"机"共存。由于生活中突如其来的重大事件而导致暂时的心理失衡状态，这不仅会使个体产生压抑、焦虑、愤怒、悲伤等消极情绪，同时也是促使个体心理走向更成熟的一个时机。人们的身心通常处于平衡状态，即在日常生活中，个体的生理需要与思维、情感、意志等因素处于相对和谐的状态。而在应激事件发生时，个体的平衡状态遭到打破，情感和思维失控状况随之产生，以致其经历一种情感极端紊乱的状态，这时人就处于危机时期。如能顺利渡过，并从生活变故中学会困境处理的方法，那么心理健康状况将整体提高。因此，危机对当事人来说不仅是一次威胁，而且是一次生命成长的机会。这是所有危机干预追求的最佳结果。

综上所述，我们认为心理危机包含引起危机的刺激源、危机状态、应对情况以及给当事人带来的后果四个部分，即当重大问题或变化发生时，当事人感到难以解决、难以把握，当事人先前处理问题的方式及其惯常的支持系统不足以应对眼前的处境，当事人努力保持的内心稳定状态及自身与环境的平衡和协调被打破，正常的生活受到干扰，产生的思维和行为混乱、情绪紧张的一种心理失衡状态。

（四）心理危机的种类

根据危机刺激的来源，一般将心理危机分为发展性危机、境遇性危机和存在性危机三种。

发展性危机指正常成长和发展过程中从一个阶段转移到另一个阶段时引起的异常心理反应，如上学、就业、下岗失业、进入婚姻、子女离家、父母死亡、配偶离去、疾病缠身等。如果应对策略不当，就可能产生心理危机。应对得好，危机也可促进个体有机会发展并变得更加强大，例如：个人的理解能力可能会得到发展，对世界的看法可能会改变，可能会更好地准备面对未来的各种改变。

境遇性危机是指突发事件、事故或自然灾害等外部事件引起的心理危机，如最近的新型冠状病毒感染的肺炎疫情或其他疾病流行、"5.12"汶川大地震、火灾、洪水、海啸、龙卷风、空难、车祸、战争、恐怖事件等。境遇性危机具有随机性、突然性、意外性、强烈性和灾难性的特征。当出现这些个体无法预测和控制的事件时，容易对个体或群体的心理造成影响，其影响往往范围广、程度深、持续时间长，需要进行及时有效的干预。

存在性危机指与人生目的、方向、责任、独立性、自由和承诺相关的个体内部冲突与焦虑，可以是基于对现实生活的无意义感或空虚感，也可以是基于对过去生活的后悔。如一个 50 岁的人觉得自己从未做过有意义的事，没有任何成就感，或觉得自己的生活毫无意义。危机通常源于生存焦虑，危机可能很明显，也可能不太明显，但都可能导致行为和情绪发生巨大变化。

根据危机发生的早晚分类，可将心理危机分为急性危机、慢性危机和混合性危机三种。

急性危机指突然发生的危机，导致个体产生明显的生理、心理和行为紊乱，例如精神病性症状的发作、严重的自残或自杀行为。若不及时进行危机干预，将可能对当事人或他人的身心健康造成严重影响，需要进行直接和非常及时的干预。

慢性危机是由长期、慢性的生活事件导致的危机，例如生活在有家庭暴力的家庭中，或者家庭成员中出现重性精神疾病患者、成瘾物质依赖患者，或父母脾气暴躁，都可能使孩子形成慢性危机。慢性危机通常需要专业人员提供较长时间的心理干预。

混合性危机是多种因素混合导致的多种危机共存，这种情况较为常见，例如一位创伤幸存者存在毒品使用或酒依赖问题，失业人员的焦虑与抑郁情绪问题，婚外恋者的经济、家庭暴力问题等。因此对此类危机进行干预时，先要分清危机的主次。

（五）危机的特征

1. 危机的二重性

一方面，危机可能会造成危险。如果危机过分严重，威胁到一个人的生活或家庭，个体可能采用不恰当的方法应对或解决问题，从而导致心理社会功能的下降，出现精神疾病或出现自杀、攻击他人等适应不良行为，这就是危险。另一方面，危机也是一种机遇。如果在危机状况下，个体能够成功地把握危机情景或及时得到适当有效的治疗性干预或帮助，个体可能学会新的应对技能，不但可重新得到心理平衡，还可促进心理的进一步成熟和发展，帮助个体成长和自我实现，这就是机遇。

2. 危机的非医学性

危机是人的一种正常的生活经历，并非疾病和病理过程。危机并不可怕，危机的发生表明个体正在努力抗争，力求保持内心的安宁和自身与环境间的平衡。固然，危机会引起个体情感的不平衡和紊乱、认知能力下降、防御机制削弱，但是这些改变均不符合任何精神疾病的诊断标准，只能看作疾病的可能诱因。心理咨询与治疗性干预能帮助他们渡过危机，并有望达到事半功倍的效果。

3. 危机的个体性

危机的程度与诱发事件的强度不一定成正比，主要取决于个体对事件的认知，以及个体的应对能力、既往经历和个性等。

4. 危机的复杂性

危机具有复杂的症状，是复杂的、难以把握的，它不严格遵守一般的因果关系规律。危机的症状就像一张网，个体环境的所有方面都相互交织在一起。一旦危机出现，就会有很多复杂的问题需要危机干预者进行全面的干预，而个体的环境决定着处理危机的难度。

5. 危机的时间性

危机是有时间限度的，通常最多持续 8 周，在危机时段的后期，主观不适的感觉会减轻。如果危机未得到及时解决，可能导致精神疾病或出现自杀、攻击他人等适应不良行为；也有可能会转化为慢性状态，在相当长的时间内反复出现一系列的转危机点。危机缺乏万能的或快速的解决方法。虽然有些可进行短期治疗，但对于长期存在的问题，基本上不存在快速解决的方法。许多遭受严重生理和心理应激影响的求助者的问题，都在于他们开始总是企图找到迅速解决问题的方法，通常是使用药物。这种方法虽然可以延缓极端反应的出现，但治标不治本，对造成危机的原因毫无改变，搞不好反而会导致危机的加深。

二、大学生心理危机概述

当个体进入大学阶段后对世界探索的需要变得更加强烈，求知的主动性以及行动力均显著提升，但无论从生活阅历的丰富性，还是从身心发展特点的成熟性来看，个体在大学阶段均没有足够的"实力"来应对在探索过程中所出现的打击与挫折。由此可见相对其他年龄群体，大学生群体陷入心理危机的概率较高，这也是强烈要求对大学生进行心理危机干预的现实需要。

（一）大学生心理危机的定义

学者将大学生的心理发展特点与高校心理危机的特征放进心理危机的定义中，但更多学者是从大学生心理危机类别的角度来阐释心理危机的。章成斌认为大学生心理危机是大学生某种心理上的严重困境，当事人遭遇超过其承受能力的紧张刺激而陷入极度焦虑、抑郁，甚至失去控制、不能自拔的状态。

此外，部分学者认为大学生心理危机是个体身心特点发展与对外界刺激的应对能力之间的不平衡而产生的。2007年廖桂芳认为大学生心理危机是由于大学生处于人生的特殊发展时期，对外部世界充满探索求知的欲望和热情，但心智和情商的发展水平却不足以应对在探索过程中所遭遇的挫折和打击，进而使自我心理处于危机状态之中。

由此可见，大学生心理危机主要是指大学生群体在高校学习与生活中遭遇重大负性事件时，由于自我控制、自我调节等能力有限而产生的心理与行为严重失衡状态，其影响强度、范围以及持续时间均因个体与环境等主客观因素而异。

（二）大学生心理危机的触发因素

大学生在上大学前主要的目标和任务是高考取得优异成绩，在生活中面临自然生活的重大困难或重大创伤事件的概率相对较低。而进入大学后，大学生的学习目标、生活状态与以往相比发生了重大改变。大学生心理危机一般是在高校的学习和生活过程中所发生的，主要是由遇到的无法进行自我控制与调节的重大个人事件所引起的。

研究发现某一事件能否在大学生心中成为心理危机，有三个关键点：一是当事人的评价，主要是针对事件发生的意义以及事件对自己未来影响的评价；二是是否有为当事人提供帮助的社会支持系统；三是当事人是否获得有效的应对机制，即当事人是否有从过去经验中学习到有效处理问题的方法，如倾诉、哭泣、愤怒等。

在心理危机发生阶段，大学生出现情绪与行为的严重失衡状态，而家庭变故、同学或朋友出现重大事故、个人的严重心理障碍、精神病性障碍等均可成为诱发因素。如果从心理危机干预技术层面来看，精神病性障碍无法用心理危机干预技术短时间解决危机问题，也不属于心理咨询与治疗的范畴，但高校的心理危机干预更多从发展性心理危机干预层面操作，无论从病理特征还是从高校工作层面都应列入大学生心理危机干预的范畴。

（三）大学生心理危机的类型

根据大学生心理危机诱发原因与心理危机所产生结果的差异，将心理危机进行如下分类。

①适应型大学生心理危机；②学习压力型大学生心理危机；③人际关系型大学生心理危机；④恋爱情感型大学生心理危机；⑤境遇型大学生心理危机；⑥经济压力型大学生心理危机；⑦就业压力型大学生心理危机。

根据所产生结果的差异而进行的心理危机分类如下。

①焦虑情绪的心理危机；②哀伤情绪的心理危机；③失恋的心理危机；④自杀危机。

在快速发展的现代社会中，当代大学生的生活状态不会一帆风顺，或多或少都会面临各种各样的生活事件，进而在一定程度上诱发心理问题。因此预防和应对心理危机成为大学生成长成才过程中的重中之重，高校与社会有必要加强大学生心理危机干预与应对措施，帮助大学生健康成长。

三、心理危机干预概述

（一）危机干预的定义

危机干预是 crisis intervention 的译文，也可译为危机调解。对于心理危机干预起源有两种说法。第一种说法认为心理危机干预起源于军队精神病学临床领域。第一次世界大战时期，由于战争导致大量新兵出现情绪不稳等心理问题，这也促使心理学家开始关注心理危机干预的研究。第二种说法认为危机干预是在波士顿椰子林夜总会火灾幸存者的对照研究中发展起来的，该火灾导致492人的死亡，其场面惨烈。林德曼发现心理干预能够让火灾当事人感受痛苦、发泄情感和正视现实，接受过心理危机干预者比未接受干预者缓解快、预后效果较好。而危机干预理论则是在火灾幸存者处理过程中形成的，并为后来重大灾难中的心理社会服务提供理论依据。

（二）大学生心理危机预防与干预模式研究

我国学者对大学生心理危机问题的关注与研究始于1987年年初对大学生自杀事件的关注，2000年后我国高校大学生心理危机干预的研究发展迅速，取得了一定的成果。早期，国内的危机干预模式多是直接引进多样化的国外危机干预模式，主要包括以下三种模式。

①针对不同情境和人群，采用多元化的形式。

②整合不同的干预模式和资源，力求达到最好的干预效果。

③将干预过程分段，针对不同阶段的特点采取应对措施。

而近年来随着我国对大学生危机干预研究的理论发展与实践经验提升，我国一些学者在借鉴国外成熟经验的同时，结合中国特色、中国特点，力求符合中国国情，进而在大学生心理危机的预警、危机管理等方面提出不同的心理干预模式。

心理危机干预是对大学生进行帮助的过程，该过程持续时间较短，目的是通过一定的方法或手段使出现心理危机的大学生能够释放出积蓄的负面情绪，改变其对应激事件的态度，并通过一定的社会资源和环境资源来帮助大学生进行心理恢复，使其能够重新对生活产生自我控制能力，防止其产生更严重持久的心理创伤，使其能够恢复到心理平衡的状态。

重视学生自我意识的发展和正确价值观的培养，现在的学生大部分为独生子女，独立、竞争意识和自我意识强烈，意志力、耐挫力较弱。家庭和学校给予他们沉重的压力，同时由于自我的独立和利他主义的削弱，除了家庭之外往往缺乏社会支持力量，更进一步加剧了面临压力和挫折时的心理困惑，又大多不愿倾诉，因此更不利于心理困惑的缓解。因此，对学生进行耐挫力教育、意志培养教育和人际交往教育十分重要，同时促进他们自我意识的发展、培养正确的价值观也是构建和谐校园心理环境的重要手段，因而我校每年举行"重阳杯"传统文化活动月，诠释中国传统耐挫精神、坚强执着精神和人际互助理念。

心理干预要注重关注群体，大学校园是学生之间互相影响甚深的大群体，学生之间能实现良性事件的相互启示，同样恶性事件的相互"传染"也不可避免。建立心理帮助支持体系，构建"心理健康教育中心—院系辅导员—朋辈心理辅导员"的三级网络体系，集中资源关注每一位学生的心理健康状况，及早发现问题，把心理困惑扼杀在萌芽状态是心理干预成功的关键，同时紧密的支持体系能够让心理困惑者感到被关注被重视，避免孤立感，获得认同感，从而有利于抑郁、恐惧、焦虑情绪的缓解，同时心理帮助支持体系还有利于对应激事件的处理，做到有备不乱，建立积极应对方略渡过难关。

重视学院辅导员心理辅导技能的培训是保证心理问题干预成功的重要因素。作为工作在学生工作一线的辅导员，对学生学习生活的动态掌握得十分仔细，我校有一支健全的学生辅导员队伍，保证有充分的师资力量服务学生，每年都有专业心理教师对其进行心理辅导技能的培训，并鼓励他们加强自身的学习。我校学生辅导员除了日常学生管理事务，更多的是充当学生的良师益友，坚持每周三次以上到学生寝室找学生谈心，能及时地发现学生的心理困惑，采取果断的干预方略。

建立一支"朋辈心理辅导员"队伍。对每班的心理辅导委员进行心理健康教育基础知识培训考核，从中挑选合格的心理辅导委员组成"朋辈心理辅导员"，"朋辈心理辅导员"来自学生，实现了"助人自助"的目的，能很好地避免应激障碍在学生中的相互影响，也能更准确及时地掌握学生心理动态。

大学生心理危机干预主要有以下举措。

①进行大力宣传与普及，使大学生能够对心理危机产生深刻认知，并构建有效的危机预防意识。

②积极开展与生命相关的主题活动，使大学生能够更好地认识生命、敬畏生命、尊重生命、欣赏生命、珍爱生命，积极引导大学生了解心理危机干预应对方法，锻炼大学生的抗挫能力和心理承受能力。

③建立完善的管理体系，该体系应包含心理危机的发现、监控、干预、转介、善后这五大系统，使大学生的心理干预更加全程化、系统化，从而更好地达到大学生心理干预的目的。

④构建完备的区域网络结构，可以在学校心理健康教育咨询中心、校医院、教务处、学生公寓中心、学生班级、学生寝室等地建立区域网络，使大学生的心理干预尽量实现早预防、早发现、早诊断、早应对。

⑤在学校内部成立心理干预领导小组，使大学生心理干预工作能够更加效率化、制度化。

⑥及时关注学生动向，当学生遭遇重大应激事件或产生个人内在冲突时应适时介入了解并提供帮助，使处在心理危机中的学生能够在维持现状的基础上得到缓解。在对其进行开导后，应使其对应激事件产生不同的认识，恢复到原有的心理平衡，在渡过危机后能够学会正确处理危机与应激事件的方法与策略。

⑦学校不能只局限于对心理危机的干预，当发现不属于心理危机的咨询范畴但有严重的心理疾病或心理障碍的学生时，应及时将学生转介到相关的精神机构。

⑧应立刻对具有自杀倾向或正准备自杀的学生进行监护，必须确保学生的人身安全，同时立刻通知家长以最快速度赶到学校。

第五章 心理健康教育与思想政治教育

心理健康教育和思想政治教育关系密不可分，本章简单介绍了思想政治教育的基本问题，阐述了心理健康教育与思想政治教育的关系，以及高职院校大学生心理健康教育与思想政治教育的结合发展。

第一节 高职院校大学生思想政治教育概述

一、思想政治教育概念

明确思想政治教育概念和定义有助于开展学术范围内的各项研究，基于学术界对其有不同的概念和定义，典型的、比较有代表性的有以下几种。

（一）早期概念

早期对于思想政治教育的概念，不同的专家学者有不同的论述，普遍认为这是一种教育实践活动和社会实践活动。思想政治教育受到社会经济发展、政治制度、文化的制约和影响，是一定的阶级、政党或政治集团为了实现其不同的政治目的，用其政治思想、理论和观点，对人民群众有目的地施加影响，从而转变人们的思想，培养和塑造思想道德素质的工程，这些思想教育、政治教育和道德教育是随着不同的社会发展和时代及人类自身发展要求而不断地发展与进步的，从而对人们的行动和社会行为有一定的指导作用。不同社会形成的不同的思想道德素质，提高了人们认识世界和改造世界的能力，动员人们为了当前的目标和长远的发展规划而奋斗。

（二）新观点

教育学方面通过对教育对象进行思想观念和价值体系上的灌输、说服和引导，使之在思想和行动上按照教育者的意图和目的进行思考和行动，最终实现教育目标。

社会学方面是一定的阶级、政党、社会群体遵循人们思想品德形成发展规律，用一定的思想观念、政治观点、道德规范，对其成员施加有目的、有计划、有组织的影响，使他们形成符合一定社会、一定阶级所需要的思想品德的社会实践活动。

通过直观的比较，我们不难发现，这些定义虽然有细微的差别，但基本理解都是一致的，他们都承认思想政治教育中教育者和受教育者的关系，都是统治阶级有目的进行的政治性教育，只是表述方式稍有不同，语气强烈时则将之称为灌输，语气平缓时则将之称为引导。也有学者持"受政治制约的思想教育和侧重于思想理论方面的政治教育"的"交叉论"观点，周全一点的也只是强调要"遵循人们思想品德形成发展规律"。

二、思想政治教育的地位及作用

（一）思想政治教育的地位

1."生命线"

1981年，《关于建国以来党的若干历史问题的决议》明确指出，思想政治工作是经济工作和其他一切工作的生命线，这逐渐成为学界的普遍共识。有学者对思想政治教育进行了系统化阐述，认为思想政治教育能够解决人们的思想、观念和立场问题，调动人们的积极性和创造性，保证党和国家路线、方针、政策的顺利执行。生命线主要包含引导、保证、服务三层含义，思想政治教育可以从根本上振奋革命精神、防止和克服非无产阶级思想的侵蚀。

2.中心环节地位

学界着眼于中国特色社会主义事业发展全局，从社会主义精神文明建设的角度论述了思想政治教育的中心环节地位：首先，思想政治教育可以提高人们的思想道德素质以及认识世界和改造世界的能力，是团结全党全国各族人民实现中国特色社会主义建设各项任务的中心环节；其次，思想政治教育是推进社会主义精神文明建设的基本途径和中心环节，是保证教育科学文化建设的社会主义性质的根本措施。

3.基础工程

有学者认为，思想政治教育是社会主义精神文明建设的基础工作和基础工程，思想文化建设是社会进步的重要内容和重要条件，党的十四届六中全会指出，思想政治工作是精神文明建设的一项基础性工作和搞好两个文明建设的基本保证。社会主义精神文明建设包含思想道德建设和教育科学文化建设两个方面，思想政治教育的基础工程地位贯穿于这两个建设的内容之中。

4. 主导地位

思想政治教育在社会全局工作和各项工作中居主导地位，主导作用是其功能性地位的本质概括，是对思想政治教育工作与社会整体工作和其他各项工作本质关系的反映。这种主导地位和主导作用在不同的历史时期和社会条件下具有不同的表述，如领先地位、灵魂地位、核心地位、基础地位等。

（二）思想政治教育的作用

1. 促进人的全面发展

社会的本质和人的本质是一致的，个人与社会在实践中实现统一。习近平总书记指出教育强则国家强，教育是培养肩负中华民族伟大复兴接班人的重要途径。教育可以提高人的劳动能力，消除由于分工给人的发展造成的局限，为人的身心发展提供必要条件，孔子提出"有教无类"的主张，认为人人都有接受教育的权利，只有将教育普及化、大众化，国民素质才能普遍提高，正所谓"百年大计，教育为本"，人作为教育的产物如果不接受教育，可能会永远停留在愚昧落后的未经开发的状态，促进人的全面发展，必须发挥教育的基础性和先导性作用，利用人口数量多的优势，化人口负担为人才储备。

2. 形成社会良好风尚

社会是历史的产物，也是人类进步的产物，教育的社会功能主要是指教育对社会发展的反作用，生产力的发展水平制约着教育的发展水平，但教育又反过来促进社会生产力的发展，国家通过制定教育方针来控制教育，教育又反过来巩固统治服务，对社会的经济、政治等发展发挥重要作用。我国大力发展科教兴国战略，指的是将"科学技术作为第一生产力"，坚持教育为本，将经济建设转移到依靠科技进步和提高劳动者素质的轨道上，加速实现国家的经济繁荣。《礼记》中曾记载"建国君民、教学为先"，就体现了教育的政治功能，教育作为有效的政治资源，可以培养一定阶级所需要的政治人才，使其直接为统治阶级服务，实现受教育者的"政治社会化"，维系社会稳定，即使是通过加强法治的手段实施社会政治控制也与加强教育密切相关，法的控制本质上也是通过法治思想的教育得以实现。

3. 增强文化自信的坚实保障

"文化"与"教育"相互依存、互为目的，教育是民族传承的基本载体，是精神培育和文化继承的重要渠道，一个国家、一个民族的强盛总是以文化兴盛为支撑的。历史和实践反复印证了"人才资源是第一资源，是国家核心竞争力之所在"这一重要论断，我国将人才战略上升为国家重点战略，从娃娃抓起，优先发展教育，大力推动教育内涵式发展，中华民族的伟大复兴需要以中华文化发展繁荣为条件。教育作为国家一项重要的事业，它的核心作用在于价值塑造。我们要以教育自信建立道路自信、理论自信、制度自信和文化自信，要通过思想政治教育来增强文化自信，提高文化软实力，加强人民的信念教育，坚定人民对中华民族优秀传统文化的文化信仰。

进入新时代，我国社会主要矛盾已转变为人民日益增长的美好生活需要和不平衡不充分的发展之间的矛盾。人民对美好生活的向往对思想政治教育也带来了新的挑战，人民群众对于精神生活层面有了更高的追求。思想教育在本质上是关于"人"的工作，对于这一重大转变，思想教育的主题也应随之调整，不仅要满足人的精神需求，还要给予人们正确的思想引导，做好主流价值观的指导；将社会主义核心价值观作为解决问题、消除矛盾的行动指南，帮助人民正确认识"美好生活"并"撸起袖子加油干"，在美好的时代里积极创造属于自己的"美好生活"。党和国家要把握好思想政治教育这一生命线，立足新时代，适应新环境，满足新要求，带领人民群众努力奋斗，继续推进共产主义伟大事业走向成功。

三、高职院校思想政治教育的特点

（一）教育的对象

高职院校招生渠道分为两种。一种是在普通高校招生过后，高职院校再招收高中生。一般来说，高职院校的学生都为普通高招最后一批次的高中生。另外一种渠道是招收职业中等学校等对口的考生。在传统观念中，很多考生和家长都将报考高职院校看作无路可走的选择，也就是所谓最后一种选择。普通高等学校仍然是人们所热衷的，而职业院校并不受热捧。再加之近年来普通本科高等学校不断扩招，全国的考生基数在不断下降，高等职业院校的生源从质量上到数量上都出现了萎缩的情况。为了能够招揽更多学生，很多高等职业院校一再降低标准，这就容易导致学生的整体质量下降，学生的素质相差较大，在进行德育工作和思想政治教育工作时也有一定的难度。并且，由于学生水平参差不齐，在开展工作时，需要考虑更加广泛的生源范围，不能生搬硬套普通高校的思想政治教育工作模式。要针对院校自身的状况和学生整体的特点来开展工作，做到能够根据不同的学生进行针对性教学。

（二）教育的目标

高职院校的教育目标相对于普通高校更加直接，高职院校主要教育目标在于让学生经过学习成为一线需要的高级专业技术人才，其指向性和实用性都要比普通高校的教学目标更加直接。其实在每年的就业率测评当中，高职院校都属于佼佼者，因为在当今社会的需求层面上，大量岗位都是以实践为主的技能型岗位。而真正以高等院校教育为主的研究设计型岗位相当有限，因此高职学生具有很大的优势，这也让高职学生在毕业后就可以凭借一技之长找到对口工作。相较于普通高校来说，高职学生的就业指向性更强。虽然很多家长和学生不重视，但是高职院校自身的这种优势是不可比拟的。而且随着社会发展，人们也越来越认识到这点，越来越多的人放弃普通高等学校的录取机会进入职业院校。

（三）教育的模式

高职院校的教育主要强调对学生职业技能的训练，目的在于为社会各个岗位输出一线技术型人才。高职院校的教育注重理论结合实践、工学一体，学生培养计划中实训教学的比例较大。同时，高职院校的教育模式更加开放，教学方式更加多样灵活。高职院校的教学内容、教学方案可以根据学校、行业、企业三方对人才的培养需求共同制定。在实习上，高职院校的学生可以根据教师和企业的安排进行对口实习。在实习过程中提前熟悉企业环境，实现在校内与企业双向交流，这使之后的就业更加有保障。高职院校实现了教中学、学中教的双向性，既丰富了学生的专业知识，又提高了学生的实际动手能力，让学生熟练掌握技能。高职院校还可以与企业一起对学生进行技能考核，并为学生颁发行业和企业肯定的职业资格证书。在就业上，职业高等院校有着得天独厚的条件。不过就思想政治教育来说，由于办学时间比较短，没有长期的历史积淀，所以在这方面还欠缺一些经验的积累和传统文化的底蕴。

（四）教育的内容

高职院校和其他普通高等学校相比，有着自身的特殊性。这样的特殊性也体现在大学生思想政治的教学内容上。高职院校的思想政治教育主要在于培养学生正确的政治观。高职思想政治教育的主要目的是要让学生通过对思想政治的学习，形成行业岗位需要的职业素养；确立学生对自身的价值的正确认识，使其形成正确的世界观和价值观，养成积极向上的态度，顺利完成学业。因此高职院校思想政治教育工作者在教学当中，必须要以学生为中心，以培养学生职业道德和思想品德为出发点，有针对性地培养学生正确的职业观和人生观。

四、高职院校思想政治教育的问题

（一）教育理念较为落后

现阶段，高职院校在思想政治教育内容上十分枯燥、单调，同时其教育方式也较为僵化和呆板，其不符合社会现实以及学生的真实需求，教育理念固化。这些问题都对高职院校思想政治教育的开展造成了严重影响。在传统习惯以及经验主义等问题的影响下，现阶段思想政治教育仍存在重视教育、轻视学生自我教育，重视管理育人、轻视服务育人等问题。换言之，高职思想政治教育可以给予高职生帮助，促进其思想水平和政治素质、道德修养等的提升；对学生进行教育和管理是高职院校思想政治教育人员经常说的话，受这种教育观念的影响，学生会始终处于一种被监视的状态中而不能单独展开思考，同时也不能做到自我教育和认知，这种情况对学生健全自身人格和快速发展个性极为不利。

（二）工作方法缺乏针对性

高职院校的生源复杂性较强，高中生、技校生和中专生都能进入高职院校学习。这些学生的道德情操、接受能力、知识水平和思想素质各不相同。高职院校思想政治教育工作者应就各类型的学生采用不同的思想教育模式。从现阶段的情况可以看出，诸多高职院校思想政治教育工作者仍然运用的是"一刀切"的教学方式，他们基本上不会对学生之间的差异性进行考虑，在思想政治教育工作的方法上、内容上针对性都不强。这种不对学生个体差异进行考虑的思想政治教育效果甚微，也不能提高学生的素质。

（三）内容难以调动学生的学习兴趣

对学生展开思想政治教育，不仅要立足于理论知识，同时也要和实际相结合，这样才能获得理想的教学效果。但是，高职院校在对学生展开思想教育的时候，不符合实际情况是一个十分常见的现象。在时代的不断发展中，大学生的思想观念发生了一定的改变，若是不深入研究学生观念的变化，就会和学生的实际相脱离。高校思想政治教育十分注重正面教育学生，以期借助具有代表性的案例使学生受到感染。大学生已经具备了明辨是非的能力，同时现代社会网络极为发达，学生通过网络也可以看到诸多负面新闻，所以若是只对学生展开正面教育，学生会感到和实际不符。

（四）教师水平参差不齐

高职院校的教师应具备一定的科学文化素质和业务能力素质，同时还要具备一定的道德素质和身心素质等。除此之外，还需要具备丰富的工程实践经验和广泛的工程实践知识。教师数量不足的时候，高校教师不仅要教学，同时还要开展繁重的科研工作，加大了教师的工作压力，就很难有足够的精力和时间来培养高职生。一些教师觉得高职生水平不高，在实际教学中不重视高职生的教育，产生这种心态后，教师在指导和授课方面的积极性就很低。教师资源的缺乏、教师素质的高低以及教师对高职生的认可度，直接影响着高职生的教育质量。我们必须正视，现阶段一些教师德育责任感不强，在工作中不能在情感上认同学生德育，实践意志力不足。甚至部分教师道德水平较低，不能发挥榜样作用，还会导致学生形成不良之风。这些人尽管较少，但极大地影响着德育工作的开展。

第二节　心理健康教育与思想政治教育的关系

一、心理健康教育与思想政治教育关系的探讨

对于高校或者高职院校心理健康教育与思想政治教育的关系，自心理健康教育（心理咨询）从我国高校兴起之日起就成为人们探讨的课题。由于人们的职业背景不同，分析问题的角度不同，所以，对这一问题存在着各种不同的看法。

（一）两者关系探讨的观点

高校心理健康教育与思想政治教育到底是什么样的关系，学界众说纷纭，归纳起来可分为以下三种。

第一种观点是两者没有联系，两者在目标、内容、理论基础、方式方法、作用层次等方面都有明显的不同；

第二种观点是心理健康教育是高校思想政治教育的一个子系统；

第三种观点是心理健康教育与思想政治教育是两个相互交叉的圆，它们既有独立、相异之处，又有相通、互补之处。

（二）两者关系探讨的阶段

对高校心理健康教育与思想政治教育关系及其结合的探索，如果从理论探索的角度分析，可概括为经历了以下几个阶段。

第一阶段的重点是探讨两者有无关系，是什么关系，异同是什么。

第二阶段的重点是探索两者如何结合，结合过程中会遇到什么问题，结合有什么利弊，以及思想政治教育工作者从事心理咨询的利弊等。

第三阶段的重点是研究两者如何互动、渗透、融合，如何利用心理健康教育的理念和技术改进加强思想政治教育，同时如何利用思想政治教育的优势（包括人员队伍、组织架构、思想政治教育的观念等）来更好地推动心理健康教育事业发展，以更好地促进彼此发展。

三个阶段是就关注的重点而言的，但不意味着进入后面阶段后就不再讨论前一阶段的问题了。其实一直到今天，依然还是有文章在讨论第一阶段的话题。只是就整体而言，探讨内容在不断深入、拓展。

在探讨两者关系时，还有必要在探讨的范围上做一明确区分，因为探讨的角度、强调的重点、选择的时空不同，得出的结论也会有所区别。为此，笔者认为，下面几点区别是非常重要的。

一是同一时空下两者的比较。不能把不同时空的思想政治教育与心理健康教育做简单的比较，两者异同的分析应该或同时立足于现在，或同时探讨不久的将来，也就是说同一时空下的两者才有比较的意义。

二是同一层次对象的比较。不能把个别人的行为与多数人的行为混淆，也不能把失职、蹩脚、不称职的思想政治教育者与优秀的心理健康教育者做简单的比较（当然也不能反过来）。如果要比较，应该选取有普遍意义的对象而不是过于个别化的对象。不能把高校的心理咨询与医院的心理咨询简单等同，也不能把面向大学生的思想政治教育完全等同于面向党政干部或其他人群的思想政治教育。

三是同一应然或实然的比较。不能把现实中的思想政治教育与理论上的思想政治教育等同起来，即要区别"应然"和"实然"。对心理健康教育也一样。同时，也不能把被人诟病的思想政治教育与理想化的心理健康教育比较，当然也不能反过来。

四是立足国情的比较。不能把西方的理论和方法简单地照搬到国内，也不能一味地认为西方的看法和做法就是对的并以此为标准，或反之认为均不可取而加以简单否定。即使在美国是正确的东西，对于我国也不一定都是合适的。立足于中国的国情、高校的实际来探讨心理健康教育与思想政治教育的关系是十分重要的。

五是发展的而不是静止的眼光。在立足现实探讨的同时，我们还要以发展的眼光来看待我国高校心理健康教育与思想教育的发展趋势。不能把思想政治教育、心理健康教育当作不会变化的"铁板"一块。

总之，在探讨两者关系时，我们要辩证地看，要全面地、历史地、客观地、发展地看。也就是说，既要历史地看，也要发展地看；既要从理论上看，也要从实践上看；既要从世界范围内看，更要立足于国情看；既要看到有价值的一面，也要看到不适合、错误的一面。只有客观公正、辩证发展地看待心理健康教育与思想政治教育，我们才能实事求是地把握两者的关系及其结合问题。

二、心理健康教育与思想政治教育的区别

（1）两者基于的理论差异

心理健康教育是通过运用心理学、医学等理论来达到消除心理问题的目的，其理论包括人格心理学、行为科学等，其包含的理论知识不是社会意识形态的内容。而思想政治教育是隶属于社会意识形态的，是在马克思主义理论的基础上，吸取中西方其他优秀的科学理论成果发展起来的，在教育过程中会体现教育者明确的意志。

（2）两者具体任务的区别

心理健康教育是心理层面的教育类型，教育者希望通过心理疏导让学生消除本身的疾病心理，建立稳定良好的心理素质，它是从学生个人的心理现状出发，了解学生当前所存在的问题，运用一系列理论知识和有益的活动，对症下药，达到教育的目的。而思想政治教育更强调的是德育，是在学生的思想层面上，它是根据学生的心理年龄和当前接受程度，采用符合学生当前意识发展阶段的知识内容，让学生能够树立正确的道德是非观念，思维观念能指导学生做出正确的行为，从而遵守社会公德，树立理想信念。

（3）教育的动机和方法的区别

心理健康教育的方式多是通过健康讲座、心理咨询的方式来使学生消除不健康的心理或者加强对心理疾病的预防能力，心理咨询一般涉及的主体是教育者和学生本身，动机是咨询的对象本人，因为心理咨询的方式极为便利，且不收取任何费用，所以有咨询需求的学生自愿去咨询部门寻求帮助，教育的方式和内容易于接受，所以轻微的心理问题都能得到一定程度的改善。思想政治教育是教育者

有意识主动施加的，学生往往不会主动要求被教育。其教育方式多是通过课堂讲授、知识宣传、奖励表扬等方式，一般具有公开性，教育的效果主要由学生本身决定。

（4）对教育者的专业要求的差异

心理健康教育人员多是经过专业的技能训练，它对教育者本身的专业水平要求较高，没有接受过专业训练的人不能对教育对象进行有效的指导，甚至还有可能加剧学生的心理健康问题。思想政治教育就对教育者的要求没有那么严格，除了思想品德专职教师外，任何教师都可以承担思想政治教育的任务，只是经过培训的专职教师的教授效果更好一点。

（5）教育者与教育对象关系的差异

从事心理健康教育的教师会把求助者当作当事人，而自己是服务者，两者一般是初次见面或者实际生活中并不熟悉，在教育过程中，两者也是保持平等的关系。思想政治教育者与教育对象往往之前就已经熟悉，两者之间存在着利害关系，教师可以评价学生的学习成果，对学生进行表扬或者惩罚，学生与教师处于不平等的地位上。

三、心理健康教育与思想政治教育的联系

心理健康教育与思想政治教育有相同之处，彼此有一定的联系。

（一）教育目的

心理健康教育与思想政治教育都是塑造人们的内心世界。心理健康教育是让人们保持一种良好的生活状态，而思想政治教育是培养人们正确的社会价值观。健康的心态可以让人在生活中感到轻松自如，以乐观豁达的人生态度去处事，提高人们的幸福收获感，在心理健康发展上，不扭曲，不极端。而政治思想教育是树立人们正确的三观，即"人生观、价值观、世界观"。心理健康教育与思想政治教育都是为了人们更好的生活。

（二）教育内容

心理健康教育是思想政治教育的基础，思想政治教育是心理健康教育的前提。心理健康教育虽然是单体性的，针对的是个人的提升，却也具有一定的社会统一性，它认可人生就应该积极乐观，人们也接受豁达的人生是正确的。不管是思想政治教育还是心理健康教育，他们都是在于"心"。灵魂的升华，才能够更好地

驾驭身体，培养人们的心理素质，树立人们的三观。它们都是对人们精神世界的塑造，是对心的锤炼。由此可见，国家解决人们的温饱问题后，越来越重视人们的精神世界。不管是思想政治教育还是心理健康教育，都是一种教育手段，以心为教育方向，丰富人们的情感，巩固人们精神强度。

（三）教育方式

心理健康教育与思想政治教育在大学都可以通过教师来进行教学，也可以通过社会经历教学。大学设有课堂课程，在进行心理健康教育时，教师可以教授"大学生心理健康教育"课程；在进行思想政治教育时，教师可以教授"思想道德修养与法律基础""马克思主义基本原理"等课程。生活也是最好的老师，学生在生活中的体验也会让一个人的心理改变。比如学生们参加心理健康公益活动，呼吁人们关注重视自身心理健康，以"中国人心理健康的自觉承担者"为己任。社会的经历会让学生对世界有新的认识，比如学生在黑暗绝望的时候，会觉得世界是黯然无光的，人生就应该自暴自弃，很容易做出偏激的行为。可是如果能够得到一些别人的帮助，他们会从中得到温暖，冲破黑暗感受到光明，不会一蹶不振，反而重整旗鼓，并且"滴水之恩，涌泉相报"将这份温暖保存于心，去帮助更多的人，将这份温暖传承下去。由可见心理健康教育与思想政治教育都可以从相同或者不同的渠道进行教育。

四、心理健康教育和思想政治教育的比较

（一）目标的比较

目标是人在从事有目的活动前所预期的结果。它是人活动的出发点和归宿，对人的活动具有明确的导向性，制约着人的活动及其过程。心理健康教育和思想政治教育都有自身的目标，厘清两者目标的异同是探讨两者关系的焦点之一。

心理健康教育与思想政治教育的根本目标是相同的，都是培养全面发展的人，但对全面发展的人的认识和界定有些差异。心理健康教育中全面发展的人就是人格健康、健全的人。西方人格心理学家对健全人格的特质和塑造进行了持久而深入的研究，并取得一些成果。

以人本主义心理学家代表马斯洛为例，他认为人格健全的人就是自我实现的人，这样的人具备如下特征：对现实与自我有正确的认识；坦然接受自己、自然和他人的天性、优点或缺点；坦率、自然、很少做作；通常都强烈地把注意力

集中在他们自身以外的问题上，他们是以问题为中心，而不是以自我为中心；超然独处；都具备自主发挥的能力，独立于环境，不受所谓尊重、地位、报答、金钱、名气、威望、爱等需要的影响，他们的满足来自自身内部，可以不受环境影响而自主生存；他们具备永不衰退的鉴赏力；常有高峰体验；关注人类命运；谦逊，尊重他人；具有更深刻和深厚的人际关系；具有很强的道德感；具有哲理性的幽默感；具有创造性；自觉抵御过分的文化适应等。其他的人格心理学家也提出了与上述相似的人格特质，认为塑造和发展健全人格是教育的目标，当然也是心理健康教育的目标。中国传统文化一直非常重视对理想人格的追求，儒家的理想人格是"圣人"，认为人人皆可成为圣人，圣人最重要的品质是道德品质，认为圣人是知行合一、道德完善的人。道家的理想人格是"真人"，真人是得道之人，真人洞悉了宇宙和人生的本原。佛家对其所追求的理想人格没有一个概括性的说法，追求的目标是希望修炼成为具有佛心佛性的人，这样的人表现为淡然、安顺，对欲望极为克制。

新时代中国特色社会主义心理健康教育的目标是培养人格健康、健全的社会主义的建设者和接班人。人格健康、健全的社会主义的建设者和接班人不仅没有心理疾病，而且达到"自由而全面发展"的状态，即马克思主义所追求的人的"自由而全面发展"。

思想政治教育的培养目标是促进人自由全面发展的实现。经典作家和中国共产党的重要领导人对人的全面发展均有所阐述。马克思在《共产党宣言》中提出，"每个人的自由而全面的发展是一切人自由全面发展的条件"。马克思提到的"每个人的自由而全面的发展"指的是个人劳动能力（包括体力和智力）的充分自由发展，是人的才能和品质的多方面发展，是人的社会关系的丰富和发展，以及个人与社会的协调发展。

个人自由而全面的发展的实现需要社会各要素（经济、政治、文化、生态等）综合协调发展，因而无产阶级革命的理论是消灭剥削、消灭压迫，发展社会生产力，在此基础上实现每个人自由而全面的发展。中国共产党的领导人对人的全面发展进行了阐释。毛泽东结合中国的实际情况丰富和发展了马克思、恩格斯的自由而全面发展理论。毛泽东认为把人民从三座大山下解放出来才可能实现人的全面发展，新民主主义革命和社会主义革命并不是不发展人的个性，恰恰相反它们是实现人的个性发展的条件，他说："有些人怀疑中国共产党人不赞成发展个性，不赞成发展私人资本主义，不赞成保护私有财产，其实是不对的。民族压迫和封建压迫残酷地束缚着中国人民的个性发展……我们主张的新民主主义制度的任务，则正是解除这些束缚……保障广大人民能够自由发展其在共同生活中的个性。"毛泽东对青年提出了全面发展的期望和要求——身体好、学习好、工作好，勉励青少年向"三好"的全面发展方向努力。在《关于正确处理人民内部矛盾的问题》中，毛泽东把人的全面发展具体化为"使受教育者在德育、智育、体育几方面都得到发展，成为有社会主义觉悟的有文化的劳动者"。随着中国社会主义建设的发展，随着改革开放的进程，邓小平对人的全面发展的理论进行了阐述，他认为改善人的物质生活条件，发展人的各项能力，实现"四有新人"就是人的全面发展。经济发展的动力和目的是改善人民的生活，改革开放为人的能力的发展提供了更广阔的条件，他提出了培养有理想、有道德、有文化、有纪律的无产阶级革命事业接班人的目标。习近平对人的全面发展提出了新时代的阐述，党的十八大修改的《党章》的总纲中，在"在生产发展和社会财富增长的基础上不断满足人民日益增长的物质文化需要"之后，特别加上了"促进人的全面发展"，由此可见，新时代把人的全面发展提高到非常重要的地位。习近平指出："必须坚持以人民为中心的发展思想，不断促进人的全面发展、全体人民共同富裕。"人的全面发展与社会的全面进步是紧密联系的，人的全面发展对于经济发展、社会发展和社会进步具有重要价值和意义，而社会的全面发展可以满足人丰富多样的需要，为人的全面发展创造条件。习近平以人民为中心、以新发展理念为实践指导、以人民对美好生活需要为目标阐释人的丰富内涵，诠释了新时代的人的全面发展理论。

长期以来，我们总是强调要旗帜鲜明地进行思想政治教育，要凸现其社会目标，这本身并没有错，问题在于我们采取什么样的方式才能使传授的内容更好地为教育对象所接受，对此，我们是重视不够的，甚至以为一旦用比较委婉、温和的方式进行思想政治教育就意味着放弃原则和立场，是态度不明朗、政治性不强的表现，其实这是很大的误会和偏见。再好的理论，再有价值的社会目标，如果不与教育对象的思想实际结合起来，不能有效地与对象现实的或潜在的需要联系起来，都可能难以取得好的效果。这样，思想政治教育的社会功能也就无法很好地实现。以往思想政治教育那种过于直露、外显的社会价值取向是其效果不尽如人意的原因之一。

因此，在思想政治教育过程中，要协调好社会价值取向与个体价值取向的关系，重视把两者结合起来，不宜过于凸现社会价值取向，而忽略个体价值功能。即使是政治教育和思想教育，我们也要尽量阐述其政治、思想观点的内在的、现实的合理性，阐述它与我们每个人的现实生活的正相关性。我们特别要对思想政治教育目标的个体取向价值有足够的关注，增加为个体服务的成分，多从教育对象的需要出发，充分尊重教育对象的人格和价值选择，这样才能使思想政治教育成为一种合理合情的、符合受教育者内在需要的教育，从而受到学生的欢迎。在此基础上，再引导学生从个体目标上升到社会目标，最终达到社会利益与个体利益的统一。

（二）内容的比较

1.两者相同点

我国的心理健康教育与思想政治教育一样，都是以马克思主义思想为指导思想，并以马克思主义为其哲学基础的。心理健康教育是思想政治教育的一部分，在内容上，它们是部分与整体的关系，但是心理健康教育有其独特的教育内容和特点。

心理健康教育与思想政治教育都是以马克思主义为理论基础的。马克思主义理论是思想政治教育的理论基础，同时也是思想政治教育的直接内容，要在思想教育、政治教育、法治教育中直接进行马克思主义的理论教育。马克思主义不是心理健康教育的直接内容，但我国的心理健康教育是以马克思主义为其哲学基础的。首先，我国的心理健康教育在根本的世界观上是唯物主义，不是唯心主义，它是以科学为基础的，不是宗教的世界观，不能宣扬主观唯心的理论，必须依据科学研究来检验。心理健康与人的内心有关，因此在现实中可能有个别专业水平不高、对马克思主义学习不深的教育者接受并传授一些主观唯心主义的思想和观点。这种做法是值得警惕的：一方面，它是非科学的，不能以科学实验论证的理论和观点都有待继续研究和探索，作为教育者不能任性地以个人的主观感受为依据，在教育的主渠道上宣扬没有经过科学证实的观点；另一方面，它有悖于马克思主义，我国的心理健康教育是不能违反马克思主义这一基本原则的。其次，心理健康教育中的人生观和价值观取向要以马克思主义的价值观和人生观为标准。正确的认识尤其是正确的人生观和价值观有利于心理健康，反之，错误的人生观和价值观给人带来困扰和困惑。以个人主义人生观为例，虽然个人主义在历史发展的过程中曾经发挥了积极的作用，把人从神权下解放出来，肯定了人的价值和尊严。但是个人主义人生观在本质上是一切从个人出发，把个人的利益放在集体利益之上的人生观，主张个人本身就是目的，具有最高价值，社会和他人只是达到个人目的的手段，它易于导致利己主义和极端利己主义。把个人与社会对立起来，其结果是个人对社会不满，甚至产生敌意，认为社会限制了人的自由、束缚了人的权利，因而与社会对立的人很难成为心理健康的人。心理健康教育应以正确的人生观、价值观认识和处理个人与社会的关系。最后，马克思主义对人本质的基本观点是我国心理健康教育重要的理论基础。马克思主义破除了以往思想家关于先天的、永恒不变的、普遍共同的人的本质的观点，从劳动、人的社会关系科学地揭示了人的本质，认为人的本质在其现实性上是一切社会关系的总和，人的社会性是人的本质。马克思主义科学地揭示了人的本质，对个人与他人、社会的关系进行了科学的阐释，有利于人们正确地认识自己，认识个人与社会的关系。心理健康的基本特征就是能够协调自己与他人、社会的关系，使自我与外界处于和谐的状态，因此马克思主义对人的本质的看法有利于协调个人与社会的关系，并成为心理健康教育的理论基础。在我国的心理健康教育中应该渗透着正确的、科学的世界观、人生观和价值观教育。

2. 两者不同点

思想政治教育与政治学及伦理学密切相关，它主要立足于解放思想和道德修养等方面问题，运用辩证唯物主义的一些基本原理和当前的形势与政策对学生进行政治和道德方面的教育。由于思想政治教育的内容具有鲜明的时代性，在不同历史时期强调不同的内容，要根据不同时期的不同要求，对学生的具体情况进行有的放矢的思想政治教育活动。思想政治教育包括的主要内容有：世界观、人生观、价值观教育；爱国主义、集体主义、社会主义教育；社会公德、职业道德、家庭美德教育；坚持集体主义价值导向的教育；等等。它力图使学生辨别是非和善恶，追求高尚的思想和品行。思想政治教育所肯定的是社会和集体利益，倾向于社会本位的价值取向。心理健康教育以心理学的有关基本理论为基础，与心理学与社会医学相联系，"心理健康教育解决的是心理问题和心理隙碍等方面的问题，它只存在健康与否、正常与否的问题，以健全受教育者的心智为宗旨"。心理健康教育的工作内容要比思想政治教育的工作内容范围更为宽泛，它包括各种心理问题的咨询，比如学习、生活、工作、恋爱、人际关系等，各种心理障碍、心理危机干预、心理调节等，从而强化大学生的自知、自律、自控能力，提高其良好的自我意识。心理健康教育充分尊重和理解学生的人生观和价值观，它所肯定的主要是个人价值，倾向于个人本位的价值取向。

（三）教育方法的比较

心理健康教育的方法与思想政治教育的方法在根本上是一致的，都适用所有与教育有关的方法。思想政治教育的方法主要是以灌输为主的教化方法，随着时代的发展变化，尤其是网络的发展，隐性教育的方法变得越来越重要。除灌输外，我国思想政治教育有榜样教育的传统，但目前这一传统优势面临着挑战。心理健康教育以讲授、宣传为主，与思想政治教育的方法比较，增加了更多的体验过程，并借助团体的力量运用团体咨询的方法进行相互教育和自我教育，教育对象的主体性体现明显。无论是心理健康教育还是思想政治教育都应该激发自我教育的动力，促进自我教育。

灌输是思想政治教育的重要方法，此方法在心理健康教育中也发挥着重要的作用。

灌输有广义和狭义之分，广义的灌输是指把知识、理论转化为人的观念并促使实践的过程，任何社会形态、任何学科都可能运用灌输的方法，在统治阶级的意识形态的宣传教育中，灌输是重要的方法。狭义的灌输特指思想政治教育中把社会主义的意识从外部传输给教育对象的方法。

在马克思主义的科学理论体系中，马克思、恩格斯和列宁都对灌输有过深刻的论述。在反对资产阶级的社会制度和政治制度的革命运动过程中，马克思和恩格斯提出："共产党一分钟也不忽略教育工人尽可能明确地意识到资产阶级和无产阶级的敌对的对立，以便德国工人能够立刻利用资产阶级统治所必然带来的社会和政治的条件作为反对资产阶级的武器，以便在推翻德国的反动阶级之后立即开始反对资产阶级本身的斗争。"可以看出，马克思和恩格斯虽未明确提出"灌输"一词，但马克思和恩格斯有关灌输的思想已经存在了。伟大无产阶级革命导师——列宁将"灌输"一词和具体原则运用到实践中。1902年，列宁在《怎么办？》中指出："工人本来也不可能有社会民主主义的意识。这种意识只能从外面灌输进去。"列宁主要从灌输主体、对象、内容方面阐述了灌输原则，强调了坚持灌输原则的必要性。由此看来，名为"灌输"的理论，实为教育工人阶级掌握先进思想以维护工人阶级自身正当利益的一种教育实践活动。在现实的实践过程中，虽然人们对灌输原则存在认识误区，但是"灌输论"是马克思主义思想理论教育的基础理论。在任何条件下，坚持灌输原则都不过时且具有重要意义，在心理健康教育中也需要广义上的灌输的方法。理论知识的重复性传授就是灌输，实际上在任何教育的过程中教育者都会不断重复，这就是运用灌输的方法。在心理健康教育中一些重要的知识、理论需要通过灌输的方法使教育对象认同，同时还可以通过灌输的方法促使教育对象做出行为的改变，不断强化新的行为方式，以促使内在观念的改变。总之，在心理健康教育中同样需要运用灌输的方法，此方法能取得一定的效果。

　　灌输原则是对大学生进行社会主义核心价值观教育所必须坚持的基本原则。十九大报告明确指出，必须坚持马克思主义，牢固树立共产主义远大理想和中国特色社会主义共同理想，培育和践行社会主义核心价值观，不断增强意识形态领域主导权和话语权。党和国家十分重视对大学生进行社会主义核心价值观的教育，而人的思想价值观念科学性和行为模式的合法性正是通过理论教育和实践自觉的相互作用而逐渐形成的。因此，灌输原则是凭借思想政治教育的方式，实现受教育者自觉践行社会主义核心价值观的教育原则。

　　思想政治教育以灌输方法为主，其他方法为辅。如前所述，灌输是思想政治教育的重要方法，在历史和现实中发挥着不可替代的作用，除灌输外，自我教育也是思想政治教育的方法。自我教育是教育对象按照思想政治教育的目标和要求主动提高自身思想认识、政治觉悟和道德水平，以及自觉改正自己错误思想和行为的方法，具体就是自我修养和自我管理的方法。思想政治教育的自我教育与心理健康教育的自我教育在方法上差别不大，它们的不同在于自我教育的动力不同。人存在自我提高的动力，但是与思想认识、道德修养的提高相比，人们对愉悦和幸福追求的动力要更大一些，因而在心理健康教育中自我教育发挥较大的作用，而在历史上，思想政治教育的自我教育主要运用群体自我教育（批评和自我批评）的方法，虽然批评与自我批评对纯洁思想、净化队伍具有重要的功效，但它们与负性的情绪相关，也会一定程度地削弱自我教育的动力。因此，在思想政治教育中运用自我教育的方法可以借鉴心理健康教育激发自我教育动力的方法，深挖思想政治教育的个体价值，从而激发自我教育的动机，使教育对象自觉地进行自我教育。

　　思想政治教育的隐性教育可以借鉴心理健康教育中团体咨询的方法。隐性教育是教育（包括思想政治教育）非常注意运用的方法，是教育对象在心理上并未察觉的一种教育方式。思想政治教育中的隐性教育是指教育者将科学的世界观、人生观、价值观以及党的路线、方针、政策等以隐性的方式（如活动、环境设施等）潜移默化地渗透给教育对象的教育方式。在新时代，隐性教育是思想政治教育必要且有效的教育形式。隐性教育是与显性教育相对的，灌输的方法是显性教育的方法。旗帜鲜明地依照思想政治教育的目的、原则和内容进行思想政治教育是必需的、重要的，但这并不意味着忽视对隐性教育方法的研究。为了消解灌输的弊端，使思想政治教育的教育内容入脑入心，提高教育的效果，需要大量地、艺术地运用隐性教育的方法。

　　高校思想政治课改革创新中的隐性教育所覆盖的空间范围广泛，对学生思想道德素质影响作用的时间也具有持续性的特征，因此全方面优化校园隐性教育环境是十分必要的。高校校园内多种环境资源是开展隐性渗透教育的重要载体，充分合理地利用这些载体对隐性教育效果有着很大影响。因此，我们要优化高校思想政治教育显性教育和隐性教育相统一的实践路径与利用好这些重要载体。

首先，要大力加强高校的精神环境建设。校园的精神环境代表了一个高校整体的精神风貌，主要包括政治舆论、学术气氛、校风学风、心理气氛、人际关系、文化生活、组织气氛等。我们要挖掘并明确校园精神文化和文化层面的隐性课程的内涵。这种宝贵的校园精神文化弥漫在每个个体周围，使个体的言行举止都染上它的色彩，从而形成某种趋向和定势。这种氛围的辐射与传承，便形成学校的传统与风气。其次，要大力加强高校的物质环境建设。高校的物质环境不同于一般意义上的自然环境，这种环境需要经过科学的设计和精心的布置，进而具备一定的教育作用。"学校经过改造后的自然面貌、学校建筑设计、校园规划、学校教室内的设计以及由此而组成的一种总体的校园的景观和校貌对学生的思想道德素质发展起着潜移默化的影响。"最后，要大力加强高校的规章制度和管理体系建设。高校内的一系列规章制度和管理体系规范并制约着学生们的日常行为方式，同时在一定程度上也影响着学生们的思维方式。可以说，大力加强高校的规章制度和管理体系建设对有效增强隐性思想政治教育效果有着不可替代的作用。

思想政治教育的隐性教育可以借鉴心理健康教育中的团体咨询的技术和方法。在思想政治教育中运用团体咨询的方法，对教育者有更高的要求。第一，要求教育者具有坚定的马克思主义信仰和更高的理论素养。运用团体咨询的技术和方法不是放弃社会主义的导向，不是放弃社会主义道德是非判断标准，而是用间接的、隐性的方法，运用教育对象易于接受的方式，对其进行思想政治教育，而不是一般的团体训练。在团体中会出现各种观点、各种困惑、各种反应和应对方式，团体的带领者即教育者需要信念坚定、理论素养好、应对水平高。第二，要求教育者学习团体咨询的技术和方法。在心理咨询和心理治疗的学习中，团体咨询是一门专业的课程，和其他的课程一样有理论学习和实践演练的环节，仅以倾听为例，要进行教学时间超过4个学时的理论学习和行为训练。因此思想政治教育的教育者要花时间学习团体咨询的技术，改变传统的理念，真正以教育对象为中心，相信其能够自主判断，能够做出科学、正确的选择。教育者作为团体的带领者应创造安全、开放、真诚的环境，激发教育对象的潜能，把教育对象未认识的事物的本质揭示出来，给教育对象起示范作用。

总之，结合思想政治教育隐性教育的成功经验，借鉴心理健康教育中的团体咨询的教育方法，必将提高思想政治教育的效果。

综上所述，为了思想政治教育的飞跃发展，在教育方法上有必要借鉴心理健康教育的技术和具体方法，使思想政治教育的方法更加科学化、精细化。

第三节　高职院校大学生心理健康教育
与思想政治教育的结合发展

一、心理健康和教育和思想政治教育的结合

（一）两者结合的必要性

从高校心理咨询（后拓展为心理健康教育）诞生之日起，它就与高校思想政治教育结下了不解之缘。在高校心理健康教育的倡导、推动、发展过程中，思想政治教育工作者始终是主力军，并且是构成心理健康教育队伍三方面人员（思想政治教育人员、心理学人员、医务人员）中人数最多的一支力量，约占70%。随着教育部有关文件中明确心理健康教育是学校德育的组成部分后，思想政治教育人员从事心理健康教育的比例还在上升。这是中国高校心理健康教育发展中最为显著的特点。然而，这并不意味着心理健康教育与思想政治教育的结合就变得自然而然了。心理健康教育与思想政治教育关系的问题始终是理论研究者和实际工作者十分关心并争议颇多的一个热点问题。即使在教育部有关文件已明确心理健康教育是思想政治教育的组成部分的今天，学术界仍有不同的声音，还在讨论，人们对两者结合的必要性、可行性、科学性等仍有不同的评价。笔者认为，这是很正常的现象，正是这种讨论和交流促进了心理健康教育的健康发展，推进了思想政治教育的科学化。

（1）大学生成长的客观要求

大学时期是人生最活跃和最丰富多彩的时期，但也是大学生的心理匮乏的阶段。在科学技术日新月异、社会生活日趋复杂、社会竞争日益激烈的新形势下，现实社会生活中各种问题和矛盾冲突的交织，使思想异常活跃、感情丰富的大学生容易产生许多心理障碍，因而表现出的心理问题也日益突出。加强和改进大学

生心理健康教育是新形势下全面贯彻党的教育方针、推进素质教育的重要举措，是促进大学生成长、培养高素质人才的重要途径。但是，目前大学生的心理健康的状况并不是很乐观的。国内的其他相关研究调查表明：当代高校的大学生是心理障碍和心理疾病的高危人群。这一现状应该足以引起社会和教育工作者的重视，同时，也可以看出心理健康教育迫在眉睫。

大学生上述的心理现象客观存在，我们对大学生做思想政治工作、心理健康工作都必须从这个现实出发。要让大学生成为一个全面发展的社会人，必须将心理健康教育和思想政治教育结合起来。一个有良好思想政治素养的人，如果没有健康的心理，即使形成了也会不稳定或者出问题，甚至会走向极端。相反，一个心理健康的人，如果缺乏思想政治教育，那么他的世界观、人生观、价值观也会因为受到各种消极因素的影响而出现问题，进而影响他在社会中与他人的相处，产生各种困扰、冲突，很容易产生心理问题。这样的案例很常见。因此，心理健康教育和思想政治教育必须结合起来，才能帮助大学生成长成才。必须通过思想政治教育和心理健康教育使大学生识真伪、明善恶、辨美丑，并能客观地评价自己与社会，提高思想道德水平和心理健康水平。

（2）高等教育改革和思想政治教育发展的需要

高校教育的改革与发展也必然要求思想政治教育与心理健康教育有机结合。除了坚持以往的智力导向、政治导向和道德导向等以外，还必须进一步关注大学生的心理健康。在对大学生进行德智体美劳教育的同时，还应该对大学生个性心理特征进行分析研究，结合其身心发展特点，加强非智力因素的培养，增强学生对环境的适应能力，培养健康人格，建立和谐的人际关系，充分调动学生的身心潜能，促进学生健康全面地发展。

（3）心理健康教育发展的需要

心理咨询界有句话："心理咨询在落后国家是生活的奢侈品，在发展中国家是生活的调味品，在发达国家是生活的必需品。"在目前的中国，心理咨询还只能算是"调味品"，心理健康教育并没有得到普及，尚处于发展阶段，心理健康教育今后还有很长的路要走。在人民生活水平还比较贫困的时候，心理咨询、心理健康教育自然没有发展的土壤。而当人民生活富裕起来，它也未必有迅速的发展，这是因为它的发展一方面与经济发展状况有关，另一方面还和它自身行业的特殊性有关。心理健康咨询、心理健康教育不像工业生产那样是一个大规模的生产模式，在整个社会环境中可以迅速形成一股力量发展起来。心理咨询一般都是小规模地存在于社会之中，除了医院，心理诊所往往是以个体的形式存在的。除此之外，心理咨询具有私密性，那就更难以一种高调的方式去发展。这就使得心理咨询、心理健康教育的平台是分散的、弱小的。

但是当心理健康教育被纳入高校思想政治教育以后，心理健康教育得到了迅速的发展。原因就是它有了思想政治教育的支持，思想政治教育为高校心理健康教育提供了学校这个平台，提供了大学生这个稳定的服务群体，提供了相关的专业人员的队伍建设，还提供了场地、资金等各个方面的支持，心理健康教育从此走上了有组织、有规模的稳定发展的道路。高校思想政治教育为心理健康教育发展提供了有力的支持。从我国高校心理健康教育的发展历史可见，它的诞生、发展离不开思想政治教育的支持，它是依托于思想政治教育的队伍、组织体系、行政领导而发展起来的。这就决定了我国高校心理健康教育发展在过去、现在和将来很长一段时间内都将在与思想政治教育相结合的框架下发展。不仅高校是这样，中小学是这样，而且党政机关、企事业单位、社区、军队等，只要是非医疗性质的、面向多人服务的心理咨询、心理健康教育，恐怕基本上都会是这样的模式。这是由中国国情和心理健康教育发展的状况所决定的。

（4）心理健康是新时代思想政治教育的自觉目标

思想目标、政治目标、道德目标是思想政治教育的自觉目标，心理健康虽然一直是思想政治教育的目标，但把其作为自觉目标在理论上强调得不够，在实践中践行得不够。心理健康应成为思想政治教育的自觉目标。

新时代的主要矛盾要求思想政治教育把心理健康作为自觉目标。十九大报告指出了新时代我国社会的主要矛盾，即已经从人民日益增长的物质文化需求与落后的生产之间的矛盾转化为人民日益增长的美好生活需要和不平衡不充分的发展之间的矛盾。人民日益增长的美好生活需要内涵丰富多彩，不但包括物质文化的需要，还包含对相互信任、公平和谐的社会环境，以及安全美丽的自然环境的需要。从宏观经济的发展视角，促进平衡而充分的发展，比如金融业、服务业、科技和教育的平衡发展，可以解决新时代的主要矛盾。从个体微观的精神世界角度来看，满足人们日益增长的美好生活的需要，不但需要外部可见的物质条件，更需要内心可感知的美好、幸福的体验。促进人民内心感受到美好和幸福是思想政治教育责无旁贷的使命，增进心理健康能够促使人们感受美好和幸福，因此，心理健康应成为思想政治教育在新时代的自觉目标。

思想政治教育是中国共产党的重要工作，思想政治工作"要坚持不懈传播马克思主义科学理论，抓好马克思主义理论教育，为学生一生成长奠定科学的思想基础。要坚持不懈培育和弘扬社会主义核心价值观，引导广大师生做社会主义核心价值观的坚定信仰者、积极传播者、模范践行者。要坚持不懈促进高校和谐稳定，培育理性平和的健康心态，加强人文关怀和心理疏导，把高校建设成为安定团结的模范之地"。传播马克思主义、培育和弘扬社会主义核心价值观、培育理性平和的健康心态是思想政治教育的重要功能。其中培育理性平和的健康心态既包含个体的积极心态，也包含理性平和的社会心态。心理健康是理性平和的健康心态的基础，因此其必然是思想政治教育功能的一部分。思想政治教育通过态度转变、激励等工作已经起到促进心理健康的作用，新时代思想政治教育应通过情绪调节和建设平和理性的社会心态自觉承担心理健康的功能。

（5）大学教育质量的提升要求

现如今，每一所高校都会开展思想政治教育，该教育工作主要是为了提升学生的道德素养，强化学生的个人品质，从而提升学生社会实践、生存的能力，使学生可以适应现代社会的发展需求。如果将思想政治教育和心理健康教育有机结合，不仅可以保障学生身心健康地成长，还能使学生具备乐观的精神、对抗逆境的能力，使学生可以不断进步和发展，最后成为符合现代社会需求的人才，学生可以更好地满足社会岗位的要求，有利于解决大学生就业难题，促进大学教育质量的提升。

（二）两者结合的根据

心理健康教育与思想政治教育既有区别又有联系，两者存在着结合的内在根据。二者之间虽然有很多区别，但二者之间也存在着十分密切的联系。在教育内容方面，二者可以相互渗透。思想政治教育实施的主要目的是培养学生正确的思想政治观念，并对学生的行为进行规范。心理健康教育则为了提升学生的心理素质，而心理素质正是学生更好地接受思想政治教育的基础。在教育目标方面，二者都以培养学生素质、促进学生发展为目标，针对学生存在的感情、思想等方面的问题，这两项教育内容都能发挥一定的作用，从而使学生的各项行为得到规划，同时促进学生提升自己的社会适应能力。在职能方面，二者互为衔接的关系。通过心理健康教育，可以让学生保持良好、积极的心理状态，使其变得更加乐观、主动，在这种良好的精神状态下接受思想政治教育，可以为思想政治教育奠定良好的基础。思想政治教育主要对学生的思想道德、品德素养进行培育，有助于改善学生心理状态，使学生的心理状态保持稳定。所以，二者之间相互协调、相互推动，共同促进学生健康的成长。

心理健康教育和思想政治教育在许多方面有重叠，在重叠部分联系密切，彼此难分，你中有我，我中有你，而无关部分则各不相同，联系甚微。这也就是会对两者关系争议不休的重要原因。

实践表明两者结合利大于弊。心理健康教育与思想政治教育结合既对加强思想政治教育产生了积极的影响，也大大推进了心理健康教育工作。两者结合在客观上产生了利大于弊的效果。多数心理健康教育者对两者结合给予了充分的肯定。这种互相促进的格局为两者的结合提供了实践依据。心理健康教育被引入思想政治教育领域，对加强和改进高校思想政治教育发挥了有益的作用。全国高校心理健康教育工作者对心理健康教育与思想政治教育结合的普遍接受程度，以及两者结合的良好成效，为实现两者结合提供了实践依据。

党和政府大力倡导两者结合。中共中央、教育部对心理健康教育给予了高度的重视，并视之为新时期思想政治教育的新课题、新内容、新途径，这是心理健康教育与思想政治教育结合的政策依据。

中共中央、教育部对心理健康教育给予了高度的重视，并视之为新时期思想政治教育的新课题、新内容、新途径，这是心理健康教育与思想政治教育结合的政策依据。

2005 年教育部在落实中央 16 号文件精神的过程中颁发了《关于进一步加强和改进大学生心理健康教育的意见》。文件在"总体要求"中明确定位"加强和改进大学生心理健康教育是新形势下全面贯彻党的教育方针、推进素质教育的重要举措，是促进大学生健康成长、培养高素质合格人才的重要途径，是加强和改进大学生思想政治教育的重要任务"。

2011 年 2 月，教育部办公厅印发的《普通高等学校学生心理健康教育工作基本建设标准（试行）》中明确提出："加强和改进大学生心理健康教育是新形势下贯彻落实全国教育工作会议和《国家中长期教育改革和发展规划纲要（2010—2020 年）》精神，促进大学生健康成长、培养造就拔尖创新人才的重要途径，是全面贯彻党的教育方针、建设人力资源强国的重要举措，是推动高等教育改革、加强和改进大学生思想政治教育的重要任务。"同年 5 月，教育部办公厅印发的《普通高等学校学生心理健康教育课程教学基本要求》中同样明确提出："加强和改进大学生心理健康教育是全面落实教育规划纲要、促进学生健康成长、培养造就高级专门人才的重要途径，是全面贯彻党的教育方针、建设人力资源强国的重要举措，是全面提高高等教育质量、加强和改进大学生思想政治教育的重要任务。"2017 年 2 月中共中央、国务院颁发的《关于加强和改进新形势下高校思想政治工作的意见》中再次明确提出："要在服务引导中加强思想教育，把解决思想问题与解决实际问题结合起来，做到既讲道理又办实事，加强学生学业就业指导，帮助大学生顺利完成学业，加强人文关怀和心理疏导，促进大学生身心和人格健康发展。"上述中共中央的重要报告、教育部的文件及各级领导的重视为心理健康教育与思想政治教育的结合提供了强有力的支持，营造了促进两者结合的良好氛围，使两者结合有了政策的依据。

综上所述，我们完全有必要，也完全有可能将心理健康教育与思想政治教育有机结合起来。在解决心理问题的过程中，贯穿思想政治教育，在促进大学生心理健康发展的同时，提高思想觉悟和道德水平；在处理思想问题的过程中，以心理活动规律为依据，营造良好的心理氛围，运用心理健康教育的方式，使思想政治教育更深入人心，更有针对性，以提高有效性。只有这样，才能培养出既有高尚思想品德，又有健全人格的全面发展的高素质人才。

虽然，我们都认识到心理健康教育与思想政治教育结合是必要的、重要的，但如何实现两者的结合，特别是当思想政治工作者去从事心理健康教育工作、心理健康教育者去参与思想政治教育时，会出现什么样的状况、会有哪些利弊，是需要我们深入分析的。

（三）两者相互影响

中国高校心理健康教育起步于20世纪80年代中期，至今已有30余年。从诞生之日起，它与思想政治教育的关系问题就一直处在争论中。尽管如此，两者的结合却也一直在进行中，并且随着时间的推移，两者结合的程度越来越广泛、深入。心理健康教育深刻地影响着思想政治教育，思想政治教育也深刻地影响着心理健康教育。两者在互动中相互结合，成了中国特色高校心理健康教育的最显著特点，也直接影响了两者的改革、发展进程，特别是心理健康教育的发展历程。

改革开放以来，整个社会环境发生了深刻的变化。中央16号文件曾经指出，随着对外开放不断扩大，社会主义市场经济的深入发展，我国社会经济成分、组织形式、就业方式、利益关系和分配方式日益多样化，人们思想活动的独立性、选择性、多变性和差异性日益增强，政治民主化的进程、文化多样化的发展、信息网络化的拓展、人需求的多样化等等，都对思想政治教育提出了新任务，而同时，我国正处于经济社会快速转型期，人们的生活节奏明显加快，竞争压力不断加剧，个体心理行为问题及其引发的社会问题日益凸显，引起社会各界广泛关注。这种社会环境的快速变化，促使心理健康教育与思想政治教育的互动和结合更加深入。

1. 心理健康教育对思想政治教育的影响

（1）有助于强化思想政治教育的个体性功能

长期以来，我国高校思想政治教育一直十分重视思想政治教育的社会性功能，强调人要适应社会，实现人的社会化。在重视思想政治教育社会性功能的同时，还要关注思想政治教育个体性功能，思想政治教育不仅要促进社会进步，而且要为教育对象人生发展面临的各种问题提供切实可行的指导和帮助，使他们的个性充分发展，使个体获得自我实现的满足，从而得到精神上的愉悦和享受，使主体意识得到积极的发展。心理健康教育的这一重要思想、立场正在对现代思想政治教育产生深刻的影响，它使现代思想政治教育开始更加重视个体性，更加重视人的价值，尊重人的独特性和个人的存在。这是当前思想政治教育正在发生的变化之一。

心理健康教育引入思想政治教育，促使大学生思想政治教育主体教育者由"管理"意识向"服务"意识转变，促使主体教育者从"权利"意识向"责任"意识转变，从而在思想政治教育的主客体间建立起平等互动的关系。这种平等性体现了对教育者和受教育者人格的尊重，从而充分调动两者的主观能动性，提升大学生思想政治教育工作的实效性。这种互动性体现了教育者和受教育者之间的双向交流和互动作用，反映出他们之间已不再是支配与被支配或控制与被控制的关系，这必定会提高大学生思想政治教育政治导向功能的实效性。

（2）有助于确立教育对象的主体性

与思想政治教育的原有模式相比，心理健康教育十分重视学生的主体性，强调应以尊重、平等、协商、合作的模式进行互动。高校心理健康教育以其鲜明的特色潜移默化地影响着思想政治教育工作者，特别是广大的辅导员，改变了他们的交往方式，突出了学生的主体性。

（3）有助于改善师生间的相互关系

心理健康教育非常重视相互关系，如师生关系、咨访关系，重视创造一种真诚、温暖、理解的气氛，认为这是工作的基础。"咨询师和来访者之间建立一种坦率、信任的关系是咨询过程中头等重要的大事，是有效咨询的前提条件。"过去的思想政治教育比较常用的方法是"我教你听""我打你通""我要求你服从"，这种观念和做法容易挫伤学生接受教育的积极性，造成学生的逆反心理。与心理咨询多在温馨的气氛中进行相比，以往的思想政治教育严肃有余、温度不够，多数思想政治教育工作者忽视创造一种理解、温暖、信任的气氛。

近年来，许多一线的思想政治教育者接受了心理健康的培训后，合理地吸收了心理健康教育的观念，转变了态度，尊重和理解了大学生自我意识发展的特点和强烈自尊心的需要，变"控制型"师生关系为"情感型"师生关系，产生了好的效果。我们认为，有效的思想政治教育、心理健康教育都有赖于学生对教师的信任，有赖于相互建立起来的友好、真诚的关系，"亲其师"才能"信其道"，只有这样才能较好地发挥思想政治教育、心理健康教育的功能。多年来高校心理健康教育在助人态度、建立关系等方面给广大思想政治工作者的启示是深刻的。

（4）有助于奠定接受思想政治教育的心理基础

学生的心态、心理品质是影响思想政治教育成效的关键因素之一。心理健康教育之目的就是培养学生良好的心理素质，这可为思想政治教育的实施奠定心理基础。否则，教育对象就不能接受或者不能正确地接受外界的思想政治教育。

（5）有助于丰富思想政治教育的内容

心理健康教育为思想政治教育者深入理解人和人的思想心理行为的实质提供了依据。在高等院校，心理健康教育注重以"平等互助""和谐共处"的理念解决心理问题，这一点在咨询的模式上，在人际关系的处理上，在情绪的"共情"上，都表现得淋漓尽致。心理健康教育培养大学生学会"尊重他人"和"自我尊重"，学会"道德意识"和"社会责任"，学会调节自我尽快"适应环境"。这些理念和做法，促使大学生形成一种生态学的行为规范，培养大学生的道德良心和生态责任，能够从发展的视角与自然和谐相处。这正是思想政治教育生态功能的具体体现。所以，注重发挥心理健康教育在大学生思想政治教育中的功能，促进了大学生思想政治教育生态功能的进一步体现。

2. 思想政治教育对心理健康教育的影响

思想政治教育为心理健康教育发展提供了资源支持。绝大多数高校的心理健康教育中心都挂靠在属于思想政治教育性质的学工部（处），多数专职心理健康教师属于学生思想政治教育系列，而绝大多数的兼职心理健康教育人员是学校辅导员。因此，思想政治教育者依然是目前我国高校心理健康教育的主力军。

思想政治教育部门为开展心理健康教育提供了硬件条件。思想政治教育者不仅在人员上大大地扩充了心理健康教育队伍，而且由于在实际教育工作中确实产生了积极的作用，受到了大学生的欢迎，提高了思想政治教育实效，逐步获得了学校各部门的重视与支持，获得了必要的场所、经费、设备、编制等一系列心理健康教育发展所需的外部条件。而这些条件主要是从思想政治教育部门获得的。可以这样说，高校心理健康教育从其诞生那刻起，就总体而言，就一直是被纳入思想政治教育体系中来建设的。

　　国家颁布的思想政治教育文件为心理健康教育提供了政策支持；中国高校心理健康教育获得了快速发展，迅速缩短了与发达国家和地区之间的差异，在国际舞台上影响力越来越大。没有从中央到教育部及各地思想政治教育部门的积极推进，中国高校心理健康教育还要在艰难中探索很多年。而它之所以会得到如此重视，与心理健康教育对大学生成人成才做出的贡献、对加强和改进思想政治教育的贡献密切相关。

　　思想政治教育为心理健康教育发展提供了智力支持。思想政治教育夯实了心理健康教育的思想基础，影响了心理健康教育的发展模式，丰富了心理健康教育的工作体制。

二、心理健康教育和思想政治教育结合的新发展

（一）中国特色高校心理健康教育模式

　　几十年来，在教育部及各地教育行政部门的大力支持下，我国高校心理健康教育发展速度很快。在高校心理健康教育蓬勃发展的今天，构建具有中国特色的高校心理健康教育模式显得十分必要。由于中国文化背景与西方文化背景的差异，也由于学校与社会尤其是医疗部门的差异，因而，构建一个具有中国特色的高校心理健康教育模式，以更好地指导高校心理健康教育就显得十分必要。这种模式既要有现实性，又要有前瞻性；既要有指导性，又要有灵活性；是发展的，而不是静止不变的。

　　高校心理健康教育是学校教育的一部分。心理健康教育（心理咨询）在欧美发达国家已成为生活的"必需品"，大学生的心理健康教育得到了普及和高度重视，心理学类课程是大学生修读人数最多的课程。而中国高校在很长一段时间里重视思想政治教育，而忽视心理健康教育，重视学生的专业技能教育，而忽视学生性格、人格的培养。随着素质教育的推进，高校心理健康教育开始成为素质教育的组成部分，没有良好的心理健康水平，上述诸素质的发展和提高必将受到阻碍。

　　因而，提高人的心理素质教育既是目的，又是手段。摆正心理健康教育在学校教育、在人的全面发展中的位置，是为了更好地明确心理健康教育的定位。

　　高校心理健康教育与思想政治教育密切相关。高校心理健康教育要实现与思想政治教育的有机结合，依托思想政治教育开展心理健康教育，这是中国特色高校心理健康教育最显著的特点，也是高校心理健康教育的突出特点。

高校心理健康教育要面向全体师生员工，心理健康教育的对象不仅是大学生，还有教职员工。他们既是心理健康教育的工作者，也是心理健康教育的对象，既是心理健康教育的实施者，也是心理健康教育的受益者。

高校心理健康教育应以发展性内容为重点。高校心理健康教育具有"三级功能"，但应以高、中级功能为主。这是由高校的性质和教育对象的特点所决定的。在高校刚起步的时候，其对心理健康教育的理解比较狭隘，把心理健康教育的目标仅仅看成消除学生的心理问题。然而，随着社会的发展和人民对于幸福的重视，对于积极心理学的关注成为心理学的重要方面。高校心理健康教育应有引导性而非价值中立。西方心理咨询中有一条原则是"价值中立"，即在心理咨询过程中，不判断、不指导、不主动（当然，即使在西方，对此也争议很多）。但是，我国高校心理健康教育是有价值导向性的。高校心理健康教育提倡让学生根据自己的兴趣、潜能自由发展，但是这种自由是有规则和方向的，要在社会主义核心价值观的前提下自由发展。比如，学生的心理有反社会的倾向，高校心理健康教育应给予积极主动的干预，将其引导到正确的世界观、价值观、人生观上。因此，高校心理健康教育中教育者和来访者的关系是一种教育引导的关系，教育者处于主导的地位，学生是受教育引导的对象。当然，这种教育引导是指通过与学生的平等交流，了解学生的心理状况，分析学生心理问题、思想问题的成因，然后根据学生的特点和需要，采取相应的、适合学生的方法来实施的。

下面举几个各高校在心理健康教育和思想政治教育结合方面所做的一些探索，供读者借鉴。

1. 以中国科学技术大学为例

近年来，中国科学技术大学结合本校学生工作队伍的实际情况，整合全校资源，紧抓队伍建设，让心理健康教育助力高校思想政治工作发展，实施了学生工作队伍心理知识和技能的深入培训，培养具有心理学头脑和思想的新型思想政治教育工作者，共同参与学生心理疏导工作，实现心理健康教育与思想政治教育相结合。

（1）学工人员心理咨询培训"百人计划"

2014—2017 年，学校启动学生工作队伍心理咨询培训"百人计划"项目，用3 年时间连续举办三期学工系统心理咨询培训班，遴选百余位来自一线的学生工作教师参加心理咨询的专业知识和技能系统学习。该项培训共包括 25 天，150 学时全日制学习，分三阶段进行，前后跨度六个月时间。学校邀请省内外心理专家入校施教，培训教授理论与技能科目 10 门，小班教学。培训以班级建制管理和要求，校学生工作部处长担任班主任，心理健康教育与咨询中心主任担任助理班主任，全程管理，组织规范，保障有力。培训结业后，全体学员参加国家人力资源和社会保障部组织的国家心理咨询师资格认证考试。

（2）学工人员心理技能进阶培训计划

为了进一步提升思想政治工作队伍的心理沟通专业化水平，学校在"百人计划"项目基础上，又启动"学工队伍心理咨询师心理技能进阶培训"计划，学校充分开拓和利用校外心理资源，"借外力，请进来"，让学生工作队伍心理咨询师进一步学习心理技能实操训练，领略心理辅导各大学派的核心技术，让理论转变为实践。

（3）心理培训取得了心理工作和思想政治教育工作双丰收

有了心理学、心理健康和心理咨询的专业化教育和培训，思想政治教育教师面貌焕然一新，一改常态，不再轻视学生心理健康，不再简单认为心理咨询工作就是随意聊聊天，而是深切意识到心理健康教育工作的专业化和科学性，深刻体验到心理疏导的语言艺术魅力，同时提升了对学生心理问题的早识别、早干预的能力。在实际工作中各位教师将与心理学有关的知识和心理教育、心理咨询的各种方法，通过科学的、巧妙的手段运用于学生的谈心谈话中，能更好地理解学生面临适应、人际、学业、情感和求职问题时的压力和心情。面对学生的问题，他们不再依靠传统的"填、卡、压"，而是注重倾听、理解共情、用心支持，懂得了"节制"，善于把握"度"，很好地避免了"超限效应"和学生逆反心理的产生。谈心谈话过程尊重个性，理解情感，包容共感，有针对性又有说服力，让思想政治教育在心理艺术助力下入耳、入脑、入心。

正是在多年的广泛宣传、辛勤努力和积极引导下，众多学生放下了戒备心理，消除了病耻感，以积极心态看待并接受心理支持和帮助。正是在学校心理健康教育队伍与学工思想政治队伍的共同配合努力下，更多的学生得到了专业化的援助，正视现实，走出了内心的阴霾，重新拥有了自信的微笑，并以坚定的信心和勇气去拥抱美好的未来。近些年，前来心理健康教育与咨询中心主动预约咨询的人数逐年上升，每年接待来询学生千余人次，较以往有明显的增加。各学院二级心理健康工作站的建设实现学校心理健康教育工作重心下移，关口前移，充分调动每一个思想政治工作者的积极性，将所学化为所用，惠及更多学生。多年以来，中国科学技术大学心理健康教育工作扎实，做法新颖，先后获得"安徽省心理健康普及先进集体""安徽省优秀心理咨询机构"以及"全国心理健康教育先进集体"等荣誉称号。

2. 以哈尔滨工业大学为例

哈尔滨工业大学近年来积极探索心理教育与思想政治教育工作的有机结合，为了让思想政治教育工作更有温度，更有创意，更能被教师和学生接受。其尝试将体验式团体沙盘心理技术运用于基层思想政治教育工作，受到了教师和学生的欢迎和喜爱。

（1）体验式团体沙盘心理技术的核心理念

体验式团体沙盘心理技术强调沙盘的自我成长等发展功能，强调"不分析、不解释、不评价、不判断、重陪伴、重感受"的"四不""两重"工作原则，通过带领者营造自由、安全的空间，建立个体在团队里的安全感，利用团体小组和设置庄家的形式，通过有规则的沙盘游戏，体验意识和无意识的多层次沟通，并通过成员间的真诚分享，交流互动，不仅让参与者能深刻体验自己在沙盘情境中的感受，从而觉察自己、认识自己、接纳和表达自己，更能觉察、认识和了解他人，通过"感受冲突""察言观色""反求诸己""沟通调整"等过程达到互相尊重、接纳包容、欣赏感动、自我提升，从而使参与活动的每一个成员都能获得心灵的成长和人格的完善。通过哈尔滨工业大学和多所高校的实践，发现该技术很适用于心理健康教育，也适用于思想政治工作。

（2）体验式团体沙盘心理技术在思想政治教育工作中的应用实例

实例一：学生助管团队建设方案

①破冰热身；

②根据学生人数分成5～8人一个小组；

③摸沙静心，思考"我是谁""我最欣赏的自己的一个优点是什么"；

④每人选2～3个沙具代表自己，在非言语的状态下摆放在沙盘中；

⑤用猜拳的方式选出庄家，从庄家开始依次分享所选沙具代表的含义，介绍自己；

⑥根据小组成员特点选出队长、队秘、队名、队歌、队呼，在队长的带领下用大家所选的沙具共同创作一个沙盘作品；

⑦在大团队中依次分享和展示每个小组的风采，包括第6项中的所有内容。

此方案可应用于多种团队建设，如学生会、团委、班级、党支部、支教团等，可快速进行团队凝聚，认识了解彼此。活动时间至少一个半小时，时间长分享更充分，感受和收获更多。如果只有一组的人员，可将第6项改为：在大家必须共同遵守的团体沙盘游戏规则下，由庄家制定补充规则，用大家所选的沙具共同创作一个沙盘作品，然后依次分享创造过程中的感受，分享对团队作品的感受，期待改变的地方，征求沙具主人的意见，沟通互动，调整整合，最后共同商议作品主题。

实例二：同学突然离世后的班级主题班会

①摸沙静心，回忆自己知道该事件后带来的影响和冲击，关注自己的情绪感受、伴随的身体感觉，在此基础上头脑中出现的画面、回忆、意向及想法等；确定一个顺序，依次分享自己受到的影响和冲击；

②再次摸沙静心，回忆与该同学相处的一件事，越具体越生动越好；

③选取一个沙具，依次分享你与该同学的宝贵的故事；

④选取一个沙具，代表你从该同学身上所学习到的优点，依次分享；

⑤选取一个沙具，代表你从这件事件中所体悟和学习到的东西，依次分享；

⑥依次分享，虽然该同学已经离开，但他听到他的过去和他的离开都有带给你学习的地方，你想他会跟你说什么？

⑦选取一个沙具，代表你送给该同学的祝福；

⑧由庄家带领，整合所有的沙具，完成一个以"生命"为主题的团体作品；

⑨依次分享今天的学习和感受。拍照，保密宣誓。

本次班会主题是生命教育，融合了叙事的团体危机干预的理念，用沙盘的方式可以让学生的情感表达更充分，对生命主题的感悟更深。

班会可以有很多主题，均可用体验式团体沙盘的方式进行操作，如：压力应对、考前焦虑缓解、网瘾的矫正、和谐宿舍关系的建立等。

沙盘制作过程要求保持非言语状态，分享过程要求成员耐心倾听、默默欣赏、用心感受。具体操作还需由接受过体验式团体沙盘心理技术培训的人员灵活掌握，遇到困难和问题时需及时寻求督导，或接受个人体验以促进个人成长。在活动中发现需要进一步帮助的个体时，应及时引导其接受个体咨询。

（3）体验式团体沙盘心理技术应用于思想政治工作的优势

第一，为思想政治教育工作提供了有效载体，提高了思想政治工作的亲和力和针对性。如在团课、党课中开展具有针对性的主题沙盘活动可显著提高课程吸引力和工作效果。

第二，促进了心理工作和思想政治教育工作的有机结合，二者通过体验式团体沙盘的方式进行了无缝连接，产生了 1+1>2 的效果。

第三，真正实现思想政治工作寓教于乐、寓教于思，充分发挥了心理育人功能。以心理游戏的方式开展思想政治教育工作是理念上的融合，形式上的创新，将理论灌输变身于实践体验，润物细无声，于潜移默化中感悟升级。

第四，为心理工作和思想政治教育工作提供了丰富平台，通过体验式团体沙盘开展思想政治教育工作，在进行思想政治教育工作的同时宣传了心理健康知识，降低了心理工作的神秘感。这个技术应用非常灵活，可以设主题，也可以无主题；可以用于一次性的或短程的团体，也可用于长程的结构化的团体或非结构化的团体；可用于一个小组，也可用于多个小组；可用于解决问题，也可用于团队成长。

第五，培育了师生理性平和、积极向上的健康心态，促进师生心理健康素质与思想道德素质协调发展。以团体辅导的形式进行思想政治教育，对一个团体活力的激发包括团体凝聚力的形成、人际关系的和谐、个体的自我接纳及自信心的提升、共同目标的确定，都能产生显著效果。

第六，降低了个别学生的心理防御度。体验式团体沙盘心理技术在非言语的工作过程中不知不觉缓解了学生的负面情绪，增进了其对自我的觉察，对他人的了解，扩大了其认识世界的视角，提高了解决问题的能力，可减少危机事件的发生，促进校园和谐和社会稳定。此技术还可应用于对留学生及不善言谈的学生的心理教育和思想政治教育，有效避开语言的障碍，通过沙盘的形式将心灵世界进行可视化的展示，以达成意识与无意识的沟通，促进心灵的成长和思想的成熟。

（二）心理健康教育和思想政治教育结合发展的建议

1. 创新协同管理理念

高职院校要坚持以大学生为中心，优化思想政治教育和心理健康教育的内涵，紧紧围绕大学生德育教学目标和心理健康教育重点任务，充分凸显高校培养高层次人才的教育功能，建立合理完善的思想政治教育和心理健康教育教学和管理体系。高职院校要不断加强德育相关制度建设，强化组织领导，明确职责分工，落实责任机制，并根据大学生的德育、智育、心理发展程度的实际情况，制定有针对性的教育教学和管理工作方案，将协同理论融入高校德育教育和管理工作，推动高校思想政治和心理健康教育课程建设。高职院校要加强对大学生德育工作的重视程度，加大对其物资、财力、师资力量的投入力度，结合新时代经济社会发展的实际和大学生自身的性格特点，不断强化和开展思想政治和心理健康教育课程体系设置和综合学科体系建设。同时，高职院校首先要加强德育育人教育和管理协同建设，增强德育教师、辅导员对德育育人重要性的认识，明确指出思想政治教育的主要任务是引导大学生树立正确价值观念和塑造良好道德品行；其次要增强对大学生身心健康发展的重视程度，加强大学生心理健康教育机制，有效促进大学生健康人格的形成和发展；最后要加强大学生思想政治教育和心理健康教育的考核评价和监督管理，强化德育评估体系，健全德育考核机制，切实将高职院校德育教学工作落到实处。

2. 加强联动机制手段

实现心理健康教育与思想政治教育有效契合应遵循"上下联动，全员育人"的工作原则，把育人目标贯穿到校企合作、工学结合、教学科研、管理服务等人才培养过程中的方方面面，充分调动学校内各部门、各单位和全体教职员工的积极性以及校外各方面的力量共同形成合力，进行大学生心理健康教育和思想政治教育。首先，高校内部建立校领导、管理人员、专业教师、学生四结合的"双育"相结合的联动体系。校党委做好"双育"工作方针、工作原则、主要任务和发展规划等方面的指导，明确教育职责和目标；校行政部门要统筹好、协调好、执行好教育和管理的各个环节的工作，把"双育"贯穿到教育、教学、管理、科研的全过程中；专业教师管理分属两大学科，要有效融合，形成职能交叉、工作互补的模式，激发心理健康课程教师对学生思想的引导，促进思想政治课程教师对学生心理健康的关注；在学生方面，要重视发挥学生组织的基层引导作用，如学生会、艺术团、青年志愿者协会、各类社团等学生组织，通过开展校园文化艺术节、思想动态调研、时事热点辩论、心理健康文化月、心理健康知识普及活动发挥对大学生的思想和心理的引领和引导作用。其次，利用校外资源建立"双育"联动机制。依托爱国主义教育基地、公民教育基地、社会实践基地、心理健康教育基地等为大学生提供社会实践平台。

3. 丰富协同理论内涵

高职院校要积极创新协同育人的理念，丰富协同教育的内涵，打破常规的思想政治教育和心理健康教育相互独立、单独教学管理的模式，结合当前大学生的思想发展动态和心理健康状况，制定明确的德育教学目标、深入明晰的教学内容，科学规划思想政治教育和心理健康教育学科间相关内容的相互连接和贯通，认真做好思想政治教育和心理健康教育相互衔接和融合机制，建立科学完善的思想政治教育和心理健康教育管理体系。高校要科学遵循大学生心理运动规律，根据大学生思想变化状况，加强大学生思想政治教育，充分发挥思想政治教育和心理健康教育结合的双重作用，切实实现两者相互关联、互相衔接和相互补充，在教学和管理中将发展心理学、教育心理学等理论成果科学地应用到思想政治教育中，全面客观地了解和分析大学生的心理状况，根据大学生不同时期的不同情绪特征，运用不同类型的教学方法，积极开展大学生德育教学和管理工作；同时，高校辅导员要加强社会事实、事件和案例的收集和归纳，用生动的社会实际和社会实践来支持理论教育，保证协同育人教育和管理更具有客观性和说服力，使思想政治教育和心理健康教育相结合、互相渗透和融合发展。

4. 科学利用教育资源

高职院校要坚持与时俱进的原则，准确把握德育教学工作的教学目标和重点任务；深刻领会将思想政治教育和心理健康教育相结合的精神实质，不断转变教学管理的理念；创新教育管理的模式，利用丰富的教育资源，拓宽教育管理的方式；利用"互联网＋"新技术改进教育手段，在课堂教学中科学运用现代新媒体技术，将文本、影视、图像和视频等融入教学，在高校门户网站开辟时事政治、思想道德修养、心理健康辅导、心理一对一咨询等栏目；优化教学的内容，改进管理的方式，提高思想政治和心理健康教育的针对性，为大学生思想政治教育和心理健康教育创设丰富的情境，更好地提高两者紧密结合的契合度，切实提升大学生协同育人工作的实效性。在大学生日常管理中，高校要密切结合大学生的个性特点，科学把握新时代经济社会发展的需要，坚持人性化管理，师生广泛交流互动，满足大学生个性化需求，保证思想政治教育更贴近现实、贴近生活；通过普及心理健康知识，丰富大学生的心理健康知识，增强大学生心理调控能力，提高大学生心理素质，促进高校德育教学管理和心理健康教育的协同发展，充分发挥二者的整体合力，切实保证思想政治教育和心理健康教育结合效果的最大化。

5. 强化校园文化建设

高职院校要树立科学的协同教育理念，确立鲜明的全方位德育教学方针，将大学生作为整个德育教学活动最核心、最重要的内容，突出高校德育教学管理育人的工作职责，高度重视协同理论的育人功效，充分发挥协同育人的作用。高校要重视校园文化建设，不定期邀请德育学者、心理学专家开展网络教学，优化教育的传播方式，改进教学的方式，强化师生之间的互动交流；通过开展征文比赛、歌咏比赛、演讲比赛等多彩的活动，充分发挥思想政治教育的潜移默化的功能。高校科学运用宣传栏、LED 显示屏、校园广播、院系文化墙、微信、微博、大学网站等随时开展大学生思想政治教育活动，优化德育教学的内容，改进德育工作的方法，拓宽思想政治教育的宣传范畴，彰显高校思想政治教育的时效性。高校通过设置心理咨询室，配备优质的师资力量，积极开展思想交流、心理干预和心理疏导等活动，挖掘思想政治教育和心理健康教育的深层次价值，加强德育教育的感召力，拓宽德育教学的渠道，增强德育工作的影响力，充分发挥心理辅导潜移默化的作用，锻炼大学生的综合意识，增强大学生坚定的意志品质，陶冶大学生的情操，为大学生营造一个温馨、欢快、愉悦的学习环境，切实提高思想政治教育和心理健康教育协同育人的效果。

6. 由"单一型"向"复合型"转变

高职院校的教育工作者的主要职责就是引导大学生树立正确的价值观，从而帮助大学生健康的成长。因此，高校在开展思想政治教育工作的同时，还要花费时间和精力加大对大学生心理健康教育咨询的重视程度，将其作为重要的教育内容之一。一方面，加强心理健康教育和思想政治教育工作机制的转变，最终实现"单一型"向"复合型"转变，通过课上课下教育工作者的认真引导和管理，逐步形成课堂内外、教育与咨询相结合的工作体系。同时，高校还可以将心理咨询教育工作者纳入思想政治教育工作队伍中来，在工作中通过二者有机的结合，让学生在掌握思想政治教育的基础上还能加强心理结构建设。另一方面，为了更好地加强高校思想政治教育与心理健康教育之间的互动沟通，发挥他们育人的积极作用，可以将两支师资队伍组合在一起，对相关问题进行交流和沟通，然后双方提出合理的改进方案。要想两支队伍更好地进行结合，首先要做的就是定期对思想政治教育工作者和心理健康教育工作者进行培训，提高他们的专业素质，加强思想政治教育工作者对心理健康教育理论及心理咨询方面的知识的了解和掌握，学会用心理健康的眼光去帮助大学生解决思想或心理问题。同时高校心理健康教育工作者也要掌握一些思想政治理论和方法，使健康教育更具时代特色。

参考文献

［1］ 李滟. 工学结合背景下高职大学生心理健康教育探析 [J]. 职教论坛，2014
　　（14）：27-30.

［2］ 谭静. 高职大学生心理健康教育活动体系研究 [J]. 教育与职业，2014（11）：
　　104-105.

［3］ 张丽，蔺子雨. 积极心理学视角下高职大学生心理健康教育路径探析 [J]. 职
　　教论坛，2014（26）：19-21.

［4］ 罗晓路. 大学生心理健康教育的现状与对策 [J]. 教育研究，2018，39（1）：
　　112-118.

［5］ 王艳. 积极心理学视角下高职大学生心理健康教育路径探析 [J]. 中国高新
　　区，2018（11）：45.

［6］ 石岩冰. 高职院校开展大学生心理健康教育对策探析 [J]. 文化创新比较研
　　究，2018，2（21）：110-112.

［7］ 邢玥. 高职院校大学生心理健康教育现状、趋势及对策 [J]. 知识经济，2018
　　（21）：158-159.

［8］ 徐国成. 大数据背景下大学生心理健康教育的创新路径 [J]. 北华大学学报
　　（社会科学版），2018，19（6）：140-144.

［9］ 贾志平，田洁. 浅析积极心理学视角下的高职大学生心理健康教育 [J]. 教育
　　现代化，2017，4（43）：262-263.

［10］ 何雯，王静. 基于网络环境的高职院校大学生心理健康教育策略 [J]. 中国
　　健康教育，2013，29（4）：382-383.

［11］ 王琳娜. 基于新媒体的高职大学生心理健康教育探究 [J]. 吕梁教育学院学
　　报，2020，37（1）：7-8.

［12］ 锁冠侠，薛小明. 探析高职大学生心理健康教育的路径选择与诊改要素 [J].
　　高教学刊，2020（20）：45-48.

［13］ 王珠. 我国大学生心理健康教育演变与展望 [J]. 黑龙江高教研究，2020

（12）：135-139.

［14］ 周飞燕.基于积极心理学视域分析高职大学生心理健康教育路径［J］.亚太教育，2016（1）：269.

［15］ 刘凡香.基于素质教育的高职院校大学生心理健康教育研究［J］.亚太教育，2016（3）：240.

［16］ 汪海彬，徐俊华，姚本先."大学生心理健康教育"教学研究的现状［J］.宁波大学学报（教育科学版），2016，38（2）：102-106.

［17］ 方瑗.高职院校大学生心理健康教育存在的问题及其对策［J］.亚太教育，2016（26）：77.

［18］ 玉洁琼.高职大学生心理健康教育模式探析［J］.才智，2015（30）：18.

［19］ 秦喆，杜琼.高职院校大学生心理健康教育创新研究［J］.教育与职业，2015（33）：108-110.

［20］ 王海.浅析朋辈咨询技术在高职大学生心理健康教育中的应用［J］.环渤海经济瞭望，2019（4）：140.

［21］ 郭凯娟.高职院校大学生心理健康教育路径分析：基于心理普查结果［J］.工程技术研究，2019，4（14）：224-225.

［22］ 方鸿志，潘思雨.改革开放40年来我国大学生心理健康教育的发展及趋势［J］.当代教育科学，2019（8）：91-96.

［23］ 任智.互联网时代高职大学生心理健康课程的思政思考［J］.保险职业学院学报，2019，33（4）：94-96.

［24］ 李芳.构建高职大学生心理健康教育体系探析［J］.南宁职业技术学院学报，2006（3）：43-45.

［25］ 倪海珍.对高职生心理健康教育实践课程的探讨［J］.职教论坛，2011（5）：73-75.

［26］ 张蕾.高职大学生心理健康教育研究［D］.济南：山东师范大学，2013.

［27］ 吴霞.改革开放以来大学生心理健康教育研究［D］.重庆：西南大学，2015.

［28］ 李琴.中国传统和合文化对大学生心理健康教育的价值研究［D］.锦州：辽宁工业大学，2016.